S0-EGE-906

*

LENGUAJE CEREMONIAL Y NARRACIONES TRADICIONALES DE LA CULTURA KAMËNTSÁ

*

COLECCIÓN
TEZONTLE

Alberto Juajibioy Chindoy

*

LENGUAJE CEREMONIAL Y NARRACIONES TRADICIONALES DE LA CULTURA KAMËNTSÁ

*

FONDO DE CULTURA ECONÓMICA

FUNDACIÓN DE INVESTIGACIONES
ARQUEOLÓGICAS NACIONALES
DEL BANCO DE LA REPÚBLICA

PRIMERA EDICIÓN:
FCE-Fundación de Investigaciones Arqueológicas Nacionales
del Banco de la República, Colombia, 2008

Juajibioy Chindoy, Alberto
Lenguaje ceremonial y narraciones tradicionales de la cultura
kamëntšá / Alberto Juajibioy Chindoy ; pról. de Silvio
Aristizábal Giraldo. – Bogotá : FCE, FIAN, 2008
168 p. : ilus. ; 23 x 16,5 cm – (Colec. Tezontle)
Incluye: vocabulario kamëntšá – español y español –
kamëntšá,
ISBN 978-958-38-0152-5

1. Kamëntšá 2. Colombia – Lenguas Indígenas 3. Indios de
América - Kamëntšá 4. Colombia – Antropología - Kamëntšá
I. Aristizábal, Silvio, pról. II. Ser. III. t.

LC PM5191 Dewey 498.09861 J738l

Distribución mundial

© Herederos de Alberto Juajibioy Chindoy, 2008

© Fondo de Cultura Económica, 2008
Carretera Picacho-Ajusco 227, 14738 México, D.F.
www.fondodeculturaeconomica.com

© Ediciones Fondo de Cultura Económica Ltda.
Calle 11 Nº 5-60, Bogotá, Colombia
www.fce.com.co

DISEÑO Y DIAGRAMACIÓN: Camila Cesarino Costa

IMAGEN DE PORTADA: Tejidos de la cultura kamëntšá
que representan el ojo de Dios (cuadrado rojo), el sol
(cuadrado verde) y el vientre de la mujer (franja vertical).

ISBN: 978-958-38-0152-5

Todos los derechos reservados. Esta publicación
no puede ser reproducida, ni en todo ni en parte,
por ningún medio inventado o por inventarse,
sin el permiso previo, por escrito, de la editorial.

Impreso en Colombia – *Printed in Colombia*

Contenido

Prólogo

La racionalidad occidental ha considerado al mito como parte de las fabulaciones de los pueblos, como producto de la imaginación ligado a los tiempos en que ni la filosofía ni mucho menos la ciencia, paradigma del conocimiento verdadero, habían hecho su aparición en la sociedad.

No obstante, otras visiones de mundo entienden el mito como una forma primigenia de acción simbólica, resultado de la experiencia colectiva y fundamento de la identidad grupal y de legitimación de las instituciones de una sociedad. En esta perspectiva los mitos constituyen las premisas básicas o principios inalterables que buscan explicar los orígenes, fijar valores morales y establecer las pautas de vida de un pueblo o grupo de personas, legitimando sus normas y costumbres.

Los mitos –como explicación de la génesis y las transformaciones del grupo social– se expresan en forma de narraciones y relatos que transmiten oralmente de una generación a otra la memoria de hechos históricos transfigurados idealmente. Al ser transmitido mediante la palabra el mito crea realidades porque cada individuo, al narrarlo, lo "re-crea", lo actualiza a las condiciones de su tiempo y, en consecuencia, lo transforma. Y al transformarlo, crea nuevas posibilidades de existencia.

Esta concepción del mito como algo en permanente transformación ha llevado a algunos autores a plantear que el hecho de escribir las narraciones orales de los pueblos significa anquilosarlas, esclerotizarlas, privarlas de la posibilidad de ser recreadas por cada nueva generación o individuo que las aprende y les da nuevo significado.

Sin embargo, cuando un pueblo se ve enfrentado a la pérdida de su cultura y de su lengua por la acción de una sociedad hegemónica, parece que la única alternativa es escribir sus mitos y tradiciones, evitando de esa manera su desaparición definitiva. Es lo que encontramos en el presente libro, escrito por Alberto Juajibioy Chindoy, referido al grupo indígena kamëntšá, establecido en el municipio de Sibundoy, departamento del Putumayo, en el sur de Colombia.

Este grupo, con una población actual cercana a los 4.000 miembros, ha estado sometido, al igual que todos los grupos aborígenes de América, a los procesos de cristianización y castellanización impuestos, primero, por los países europeos, y, posteriormente, por las élites de los estados constituidos a comienzos del siglo XIX, como resultado de los procesos de independencia nacional.

Entre finales del siglo XIX y 1960, los kamëntšá estuvieron sometidos a los misioneros capuchinos catalanes, en virtud del Concordato y del Convenio de Misiones firmado entre el gobierno colombiano y la Iglesia católica romana.

Durante esos largos seis decenios, los capuchinos se empeñaron en llevar a la práctica el principio de que "para civilizarse necesitan los indios del contacto del blanco", ya que "en su comunicación aprenden prácticamente sus usos y costumbres, que, por malas que sean, son de civilizados, y por consiguiente menos repugnantes"[1]. De ahí que los misioneros no sólo promovieron la educación, ejercieron autoridad política y de policía sobre los indígenas, sino que introdujeron la ganadería y nuevas formas de producción agrícola, a la vez que impulsaron la colonización con campesinos provenientes del vecino departamento de Nariño y de otras regiones del país.

Los cambios sucedidos en Colombia después de 1960 como resultado de las políticas desarrollistas impulsadas desde los Estados Unidos, continuaron generando transformaciones en la vida y la cultura de los kamëntšá. La reforma agraria permitió la devolución de algunas de sus tierras y la constitución de resguardos, garantizando de esa manera la propiedad comunitaria sobre las mismas; no obstante, paralelo a este proceso aumentó la colonización, dando como resultado el crecimiento de la población no indígena en las áreas rurales y núcleos urbanos circunvecinos, acrecentando la presión sobre el territorio kamëntšá. Estos procesos se han intensificado en la actualidad como consecuencia de la globalización pero, sobre todo, a raíz del desplazamiento originado por los conflictos sociales y políticos del país y de la región.

Desde el punto de vista de la educación formal, la labor de los capuchinos entre los kamëntšá es evidente: la casi totalidad de su población lee y escribe en español; muchos de sus integrantes han tenido y continúan teniendo acceso a la educación secundaria en las instituciones educativas del valle de Sibundoy; otros han podido llegar a la universidad, convirtiéndose en profesionales de distintas disciplinas. Sin duda alguna este es uno de los elementos que ha permitido su pervivencia como

---

1. Fray Fidel de Montclar, Prefecto Apostólico de Sibundoy, "Informe de 1916", citado por Víctor Daniel Bonilla en *Siervos de Dios y amos de indios*, Stella, Bogotá, 1962, p. 107.

pueblo y constituye una ventaja comparativa de este grupo frente a otros pueblos indígenas de Colombia.

Sin embargo, desde otra perspectiva, habría que decir que el precio que han debido pagar por esta conquista ha sido demasiado alto. A la pérdida de sus tierras, se suma la pérdida de su lengua y su cultura. Las nuevas generaciones poco se interesan por hablar su lengua y menos por enseñarla a sus hijos. En estas condiciones es necesario hacer un trabajo de arqueología cultural para rescatar de la memoria de los mayores sus conocimientos y sabiduría ancestrales.

Esta fue la tarea realizada por Alberto Juajibioy Chindoy: primero, en el Seminario Misional de Sibundoy bajo el influjo del inquieto investigador y misionero capuchino, Marcelino de Castellví. Luego, en el Instituto Caro y Cuervo como informante del estudioso de la lengua kamëntšá, Manuel José Casas Manrique. Posteriormente, en la Universidad de Antioquia, primero como estudiante de la Facultad de Filosofía y Ciencias Sociales, después como catedrático e investigador en el Departamento de Antropología. Años más tarde, como becario de la John Simon Guggenheim Memorial Foundation, en la Universidad de Texas. Y, finalmente, desde 1979 en Sibundoy, su tierra natal, como investigador independiente, recolectando y analizando el pensamiento y el saber de su pueblo, expresado en los relatos y en el lenguaje ceremonial, labor que llevó a cabo hasta su muerte, ocurrida el 25 de abril de 2007.

Quienes tuvimos la oportunidad de conocer a Alberto Juajibioy en esta última etapa de su vida, sabemos de su interés por profundizar de manera rigurosa en su lengua y su cultura nativas. Pareciera como si a su regreso a la comunidad de sus orígenes se hubiera acrecentado su preocupación por indagar diferentes aspectos de su cultura, que ya desde su juventud habían concentrado su atención. Lamentablemente encontró poco eco en las instancias gubernamentales para cumplir sus propósitos, y sólo pudo obtener el apoyo de algunas entidades privadas, gracias a lo cual pudo publicar una compilacción de cuentos en una investigación anterior, así como recolectar y editar otros materiales sobre la tradición oral de su pueblo[2].

El presente libro –continuación de los dos anteriores– consta de dos partes. La primera está constituida por una serie de textos que muestran el protocolo y las formalidades que, en la cultura kamëntšá, deben tenerse en cuenta en el trato y la relación con las otras personas. Si bien los fragmentos incluidos aquí evidencian la influencia de la evangelización católica, también es cierto que ellos son una muestra

---

2. El primero de estos trabajos se titula "Cuentos y leyendas del grupo étnico kamsá", en *Relatos y leyendas orales*, Servicio Colombiano de Comunicación Social, Bogotá, 1987. La segunda obra se titula *Relatos ancestrales del folclor camëntsá*, Fundación Interamericana, Pasto, 1989.

del respeto por el otro y de las consideraciones que se deben tener en el trato con las demás personas. Son verdaderas lecciones de "urbanidad" y "buenas maneras": la petición a un amigo o pariente para que sea padrino de bautismo, confirmación o matrimonio de un(a) hijo(a), la visita a un familiar que acaba de llegar de un largo viaje o la solicitud de matrimonio, son, entre otras, ocasiones en las que los kamëntšá emplean un lenguaje ceremonial que las nuevas generaciones aprenden durante su proceso de socialización.

Contrasta la imagen ofrecida en estos textos con la visión que la mayoría de los colombianos tiene sobre los indígenas, al catalogarlos de ignorantes, incultos, faltos de civilización y, por tanto, necesitados de que los blancos los eduquen en las "buenas maneras".

La segunda parte contiene una serie de relatos relacionados con circunstancias, lugares y animales, familiares a los indígenas, o de alguna significación en su vida.

Refiere el autor que para los kamëntšá existió un tiempo conocido en su cosmogonía como período de "kaka tempo", que significa "tiempo crudo", "tiempo no cristiano" o "tiempo de los infieles". En ese período de la historia de su pueblo algunos animales estaban dotados de poderes especiales para transformarse en seres humanos o realizar actividades propias de hombres y mujeres: el pavo, el gavilán, el cusumbo y la chucha se metamorfoseaban en hombres jóvenes y elegantes. La gorriona, el mocho y el ciempiés se mudaban en mujeres jóvenes y atractivas. El gallinazo poseía admirables capacidades para la curación de enfermedades. La gallina y el oso tenían la facultad de hablar sin necesidad de alterar su forma de ser. La gallina, además, se caracterizaba por ser especialmente lista para escuchar las conversaciones de los miembros de la familia.

Subyace aquí la concepción sobre la relación íntima entre el hombre y la naturaleza, así como la posibilidad de intercambio entre unos y otros, propia de los pueblos primigenios. Es la visión construida por las culturas indígenas en su convivencia con el entorno, durante miles, quizás millones de años, según la cual el hombre es parte de la naturaleza, uno entre iguales, no el ser superior o el centro del universo, como lo ha sostenido la civilización occidental.

Es el pensamiento que encontramos en los pueblos aborígenes de diferentes regiones de la Tierra, sustituido u opacado por visiones hegemónicas para las cuales el hombre existe con la finalidad primordial de someter y dominar a la naturaleza y a los otros seres, incluido el hombre.

Gracias a trabajos como el de Alberto Juajibioy podemos conocer otras maneras posibles de entender la realidad, maneras distintas de ser y de relacionarse con todos los seres, los del mundo orgánico e inorgánico y los del mundo espiritual.

Esta obra representa un valioso aporte para la conservación y el fortalecimiento de la lengua y la cultura del pueblo kamëntšá. Su contenido puede ser utilizado en los planteles educativos de la comunidad para la formación de nuevas generaciones. De igual manera, los investigadores y estudiosos podrán encontrar en ella una rica fuente de conocimientos sobre esta cultura milenaria.

En buena hora el Fondo de Cultura Económica apoya la publicación de esta obra, persistiendo en su compromiso con la divulgación del pensamiento de los pueblos originarios de América, en este caso de Colombia, y rindiendo un homenaje póstumo a Alberto Juajibioy Chindoy. Este hecho cristaliza, igualmente, un anhelo de sus familiares y de quienes en su grupo étnico y en Colombia conocimos su espíritu investigador.

SILVIO ARISTIZÁBAL GIRALDO

Introducción

El origen de la palabra Sibundoy proviene del nombre de un cacique kamëntšá, llamado precisamente Sibundoy. Este personaje, dotado de un talento extraordinario, se distinguió por su habilidad, destreza y experiencia en las funciones de gobierno como cacique de su pueblo.

Durante su desempeño como jefe principal del conjunto de personas unidas por una misma ascendencia les transmitió la tradición, mitos y creencias religiosas, lenguaje, cultura e historia.

Para rendir homenaje a la memoria del ilustre cacique, una vez muerto este personaje, la comunidad llamó al pueblo aborigen con el nombre de Sibundoy, en lengua kamëntšá Tabanoy. Desde esa época comienza la historia del valle de Sibundoy. Hacia mediados de 1535, Juan de Ampudia y Pedro de Añasco, los primeros conquistadores españoles en arribar al valle de Sibundoy, descubrieron la tribu llamada Sibundoy.

Hernán Pérez de Quesada, acompañado de peninsulares y muiscas, llegó a la población de Sibundoy entre el 1 de diciembre de 1542 y el 1 de enero de 1543, encontrando a un gran número de aborígenes dedicados a la agricultura.

Los viejos relatos que vienen a la memoria de las personas mayores, narran que los kamëntšá, pobladores actuales de una pequeña parte de la Amazonia, dominaron el valle de Sibundoy con sus cultivos ancestrales de maíz, base de su alimentación y nutrición.

Los eminentes lingüistas Marcelino de Castellví y Manuel José Casas Manrique dieron al grupo étnico y a la lengua el nombre de kamëntšá, atribuyéndole un origen malayo-polinesio.

Al iniciar un diálogo en su lengua nativa, la comunidad siempre se expresa de la siguiente manera: Kamëntšá moyebwambá, que significa: "Hable o hablemos en nuestra lengua".

En este grupo existen dos clases de lenguajes: el lenguaje social o común que hablan todos los miembros de la comunidad, incluidos los niños; y el lenguaje ceremonial o ritual, constituido por una serie de formalidades para cualquier acto público o privado, utilizado por las personas mayores.

En la primera parte de este trabajo se presenta un conjunto de trece expresiones del lenguaje ceremonial, recogidos de labios del informante Bautista Juajibioy Tendejoy, fallecido en septiembre de 1984:

1. Saludo en el cabildo indígena
2. Saludo tradicional
3. Saludo de cortesía a un familiar
4. Agradecimiento general de un agasajo
5. Visita a un viajero que regresa
6. Agradecimiento del caporal en una minga
7. Petición de un compadrazgo para el bautismo de un niño y respuesta del futuro padrino
8. Expresiones del padre del niño bautizado y del padrino
9. Agradecimientos del ágape
10. Solicitud de confirmación
11. Expresiones del padrino y del padre del niño confirmado
12. Agradecimientos del padre del niño confirmado y del padrino después del ágape
13. Petición de la novia

La segunda parte del trabajo comprende una serie de cuentos y relatos recogidos de varios indígenas informantes, en especial del anciano Francisco Jacanamejoy Rosero, gobernador de la comunidad en tres ocasiones.

El acopio de narraciones se clasifica en los siguientes temas:

Lugares geográficos:
Cuento del volcán Patascoy
Cuento de "El lago Guamués o La Cocha"
Cuento de la ubicación del oro

Lugares de ultratumba:
Cuento del infierno
Cuento del diablo

Humanos:
Cuento de la ahorcada
Cuento de la soltera

Aves:
Cuento de la gallina
Cuento del pavo
Cuento de la gorriona
Cuento del mocho, loro de tierra templada
Cuento del gavilán
Cuento del gallinazo

Mamíferos:
Cuento del cusumbo o coatí
Cuento de la ardilla
Cuento de la chucha

Miriápodos:
Cuento del ciempiés

Insectos:
Cuento de las langostas

Reptiles:
Cuento de la culebra

Los textos del lenguaje ceremonial y social vertidos al español, con sus comentarios antropológicos, se complementan con un vocabulario kamëntšá-español y español-kamëntšá de las palabras que se encuentran en los materiales de la lengua nativa.

Antes de terminar las presentes líneas quiero expresar mi profundo agradecimiento al Dr. Roque Roldán Ortega, director ejecutivo de la Fundación Centro de Cooperación al Indígena –CECOIN–, quien con todo entusiasmo me abrió las puertas y patrocinó mi labor investigadora merced a la cual este trabajo etnolingüístico ha podido llevarse a cabo.

También debo rendir homenaje de gratitud al distinguido antropólogo Silvio Aristizábal Giraldo, gestor e interventor de este trabajo de investigación, quien me ha prestado su valiosa colaboración en la revisión del manuscrito.

Finalmente, por cristalizar el sueño de publicar esta obra, mis agradecimientos sinceros al Fondo de Cultura Económica.

Religión y creencias

Religión

La religión de los antiguos aborígenes kamëntsá estaba dividida en dos categorías divinas, bajo los títulos del Dios solar y de la diosa lunar. Al sol le rendían culto como al Ser Supremo del universo, invocándolo con el nombre sagrado de Padre Sol. La luna la consideraban como la "madre o diosa de la fertilidad", que aún hoy en día simboliza la tierra llamada nuestra madre, ya que con la producción de la semiente puesta en ella sustenta a toda la humanidad.

En su evolución cultural, los kamëntsá asimilaron paulatinamente la nueva doctrina inculcada por los misioneros católicos y su fe es firme.

Cambios culturales

Los padres de familia tienen interés en mandar a sus hijos a la escuela, considerando que entre más culta sea una persona mejor vive, nadie la engaña y los blancos se aprovechan menos de ella.

Varios jóvenes se visitan entre ellos como hacen los blancos. Muchos aborígenes están abandonando las prácticas de la medicina tradicional, buscando más la atención de expertos en terapéuticas modernas.

Cambios tecnológicos

Los nativos económicamente más solventes construyen sus casas con ladrillo y asbesto. En el interior tienen muebles de tipo occidental, es decir colombianos. Usan objetos metálicos para el acarreo, el almacenamiento de agua y la preparación de los alimentos. Además de que practican sistemas modernos en el cultivo de la tierra.

Para su recreación, hay personas que tienen en sus casas pequeños radios de pilas y algunos, tocadiscos de pilas, guitarras y violines.

Nombre de la lengua

Los representantes actuales de ese grupo son los kamëntšá, nombre dado también a la lengua que hablan.

Esta comunidad fue llamada anteriormente con el nombre de Mocoa debido a una confusión de Brinton (véase Castellví, Obituario, 1934: 1). Según Rocha, se le llamó Coche (véase Ortiz, 1945), nombre que le asignaron los ingas de la población vecina de Santiago, quienes siendo incapaces de aprender el kamëntšá por su extraordinaria complejidad fonética, interpretaron despectivamente que los sibundoyes hablaban su lengua como los cerdos. Pero los castellanismos coche o cuqui en inga, y en kamëntšá kots, no significa lengua de marranos, sino simplemente cerdo (cochino en castellano).

Fray Marcelino de Castellví, director y fundador del CILEAC (Centro de Investigaciones Lingüísticas y Etnográficas de la Amazonía Colombiana) en Sibundoy, 1933 (véase Obituario, 1951: 5-6), aplicó el nombre Camsá (kamëntšá) junto con el de Coche a esta familia lingüística (véase Castellví, 1934: 5-6). Pero, de acuerdo con los últimos estudios científicos de los lingüistas Manuel José Casas Manrique, el padre Castellví, y ratificados por otros investigadores, el nombre de la lengua y del grupo sería camensá o kamëntšá.

Por ser esta lengua aglutinante, el vocablo se compone de dos morfemas: ka-mëntšá, que traduce literalmente "así mismo". Pero esta versión general no es aplicable cuando se refiere al nombre genérico de la lengua tribal, como se desprende en la siguiente expresión: Kamëntšá moyebuamba. Esta frase no significa "hable así mismo", sino "hable o hablemos en nuestra lengua", en referencia al kamëntšá.

El término kabënga (ka-bënga), desde el punto de vista morfológico, significa "nosotros mismos", pero refiriéndose a un nativo o a un grupo étnico significa aborigen más o menos culto, para distinguirlo del individuo marginado de la civilización, o sea nuestro contemporáneo primitivo, con el nombre de yembá.

El grupo étnico, compuesto aproximadamente de tres a cuatro mil individuos, es bilingüe (kamëntšá y español) y a veces trilingüe (kamëntšá, inga o quechua y español). Parte de la comunidad aprendió el inga casi inadvertidamente como consecuencia de la densidad de comunicación interlingüística con los inganos del alto y bajo Putumayo.

Sistema fonológico de la lengua kamëntšá

La lengua kamëntšá consta de 23 fonemas y 6 vocales, más el acento prosódico, que se ordenan desde el punto y modo de articulación, como se muestra en los siguientes cuadros.

Cuadro fonológico de las consonantes

Modo / Punto	Labiodental	Bilabiales	Alveolares Sencilla	Alveolares Compleja	Retroflejas	Palatales	Velares
Oclusivas sordas		p	t	ts	tš	ch	k
Oclusivas sonoras		b	d			ÿ	g
Fricativas	f			s	š	sh	j
Nasales		m		n		ñ	
Aproximantes		w				y	
Laterales			l			ll	
Vibrantes				r			

Cuadro fonológico de las vocales

Modo / Punto	Anteriores	Centrales	Posteriores
Cerradas	i		u
Semicerradas	e	ë	o
Abierta		a	

Es importante tener en cuenta la r alveolar simple, como:

mora,	"ahora"
ora,	"hora"
kasero,	"casero"
kortesio,	"cortesía"

También es de importancia tener presente la plenasalización de los fonemas d, g, ÿ:

ndmwá,	"quien"
ngmenán,	"pena"
kanÿe,	"uno"

Lenguaje ceremonial o ritual

SALUDO EN EL CABILDO INDÍGENA

Anteriormente el cepo se encontraba en el costado izquierdo de la sala del cabildo. Este implemento consistía en dos tablones con huecos superpuestos y sujetos con candados para aprisionar los pies de los presos.

Actualmente se conserva en la sala del cabildo tan sólo el bastón de mando, una cruz de madera de la cual penden un látigo y una corona (soga de cuero enroscado), adornados con papel dorado. En otro tiempo se decoraban con hojas de parásitas de varios colores.

La cruz es el símbolo de Cristo, juez y rey del universo; el látigo es el símbolo del castigo y la corona lo es del premio eterno.

En el cabildo no se admiten preámbulos de conversación, sino que la persona compareciente saluda en primer lugar al gobernador en lenguaje ceremonial. Luego manifiesta el motivo de su presencia, ya sea para demandar a algún miembro de la comunidad por incumplimiento de contratos o para cumplir alguna notificación.

Las salutaciones tradicionales en el cabildo las practican generalmente los ex gobernadores y los mayores de edad. Aunque debido al creciente influjo de la civilización moderna se están perdiendo las expresiones nativas en el lenguaje ceremonial.

Saludo en el cabildo

1. Con permiso de Dios, perdóname esta molestia. ¿En este día nos encontramos de nuevo con vida y salud?

2. En cuanto a mí, como mi Dios aún me conserva con vida y salud, aquí donde está colocado el brazo de Dios, la vara de mando y la corona, símbolos de Dios, máxima autoridad del cabildo para actuar con justicia

3. Me encuentro sin ningún contratiempo con las facultades del habla y de la vista para saludarte y gracias a Dios te encuentro sano y salvo.

Kabildoka saludo

1. A Dios ay lastéma, chká šmojeytsepasentsiá. ¿Kach nÿetšá Dios chebunjiyalesentsiá?

2. Nÿe póbrëbe bárina, wantána nÿetšá atšbe Dios kwašnobokwedánaná, gnentše Taytábe bwakwatše, juramente, insignia de Dios, corona, rëy Kabildo ijaysedepositanéntše.

3. Tonday okasiónaka, tonday delikádoka atšbe Dios kwašnobokwedánaná, mëntšá kwatëkëbjeytošbwachená.

27

4. La salutación no es solamente en el día de hoy, sino en todo tiempo que Dios me conserve la vida con los sentidos cabales, recurriré a este sagrado recinto.

5. Sólo el día que Dios me llame a descansar en paz, quedaré separado del ser humano viviente. Pero como él aún me mantiene con vida y me provee de subsistencias, en primer lugar que el Todopoderoso me perdone.

6. Que Dios nuestro señor nos perdone de todo. ✶

4. Y ndoñe nÿe mënténa, sino ntsekoñama bida, saludo y grasia atšbe Dios šochëbtsantšamián nÿetšá, bëngbe Dios tbojabtsakardadó, palabra, saludo, bominÿe nÿetšaná, chká kbonchjaysobwajonÿánay.

5. O solamente atšbe Dios šojtët-tšëmbona tená, bárie chjaysekedána. Y chká Diosbe bendisiónaka Taytábe lwarna kwašojeytsobokwedána, kwašojeytsabowamnaká, primeramente atšbe Dios chašopasentsiá.

6. Parejo manda bëngbe Bëtsá chabotsapasentsiá. (En esta última frase hablan al mismo tiempo el compareciente y el gobernador). ✶

SALUDO TRADICIONAL

Las visitas de cortesía, solicitudes de compadrazgo u otra petición se hacen en lenguaje ceremonial en interlocución que, en la mayoría de los casos, se realiza a las tres o cuatro de la mañana.

El visitante habla en voz alta ante la puerta de la casa: ¡Sakramento!, fórmula de saludo en kamëntšá que significa en español: "¿Puedo entrar?".

El casero o dueño de la habitación, abriendo la puerta, lo invita a entrar: ¡Motsóytan! "Entre".

Luego, el visitante saluda al casero Basté, expresión que se usa como salutación familiar en las horas de la mañana, y que en español significa "Buenos días" o "Buen día".

Estando sentados, tanto el casero como el visitante, en la sala principal de la habitación después de una breve conversación sobre cualquier tema, el visitante con el permiso del casero principia a hablar del objetivo de su llegada en lenguaje ceremonial.

Saludo tradicional

VISITANTE

1. Con anuencia de El Altísimo, me permito saludarte. ¿Te encuentras bien en este universo creado por Dios?

Saludo tradicional

BWACHANÁ

1. A Dios ay lastema. Kach nÿetšá Diosbe lwar chebunjiyalesentsiá?

2. De mi parte con su licencia aún tengo vida con las facultades de hablar y de ver, y la acción de saludar que Dios me ha dado, te dirijo nuevamente estas palabras de cortesía en tu casa.

CASERO

3. Al respecto, Dios me ha concedido también las mismas gracias, con las cuales me haces una demostración de respeto.

VISITANTE

4. En cuanto a mi saludo no es solamente el de hoy, sino en todo tiempo que Dios me mantenga con vida.

CASERO

5. Hasta el día que Dios nos conserve sin ningún contratiempo, en este mundo, su benevolencia será bien acogida.

VISITANTE

6. Solamente el día que Dios, como ser supremo y dueño del universo, me llame a dar cuentas de la vida y me convierta en polvo, no podremos departir posteriormente, sino que permaneceré separado del ser humano.

CASERO

7. En cuanto a ese destino, el día que Dios prescinda de nuestra existencia permaneceremos aislados de la especie humana.

2. Atšbe bárina wantána nÿetšá Dios kwašjeylesentsianá, ngnéntše Dios karedádo tbojabtsabiam pwesto, sombra, shekwatš, atšbe bárina mëntšá kwakbojtsobwajonÿaná. Atšbe Dios tëšojabtsekaredadó palabra, saludo, bominÿe nÿetšaná kwatkëbjeytošbwachená.

KASERO

3. Ntšamo remedio, wantána nÿetšá Diosbe lwar, Dios kwašnobokwedánaná, bëngbe Dios karedádo tbojabtsabiáma palabra, saludo, bominÿ nÿetšaná, nÿe pobrëbe barie karedádo kwaškojtabayobómñe.

BWACHANÁ

4. Atšbe bárina, ndoñe nÿe mëntena, sino ntsekoñama atšbe Dios saludo y grasia atšbe Dios. šochwantšamián nÿetšaná chká kwakbochjaysobwajonÿánay.

KASERO

5. Ntsekoñama Taytábe lwar tonday okasiónaka Dios bochjaysbwakwedána nÿetšaná, bëndatbe botamán palabra y salud nÿetšaná, chkása karedádo škochjaysobómñe.

BWACHANÁ

6. Solamente atšbe Dios komo dweñ ketsomñeká šojtëtobokwedá, fshantsa, polbo ketsteysenajwabo téna, ndoñe watjaysopódia jaysenatsëtsayána kanÿe palabra y saludo, sino bárie chjaysekedána.

KASERO

7. Ntšamo remedio, bëngbe Dios komo dweñ ktsomñeká tbojtëtobokwedá tená bárie mëntšá teymochjaysekedána.

VISITANTE

8. Mientras El Todopoderoso me dé vida, continuarán mis visitas a este lugar donde Él te ha dado una morada y tú me tendrás paciencia.

9. Pero, en primer lugar, El Altísimo que aún me mantiene en este mundo entre los tres grandes grupos del reino animal, vegetal y mineral, que me mantenga pacientemente.

10. El día menos pensado los dos también hemos de comparecer ante Dios; por tanto antes de descansar en paz, dispénsame esta visita de cortesía.

CASERO

11. Así como nuestro Dios nos conserva con paciencia en este mundo, espero que tú también tengas paciencia conmigo y me perdones. ✶

BWACHANÁ

8. Y ntsekoñama atšbe Dios šojaysobokwedána nÿetšaná, ngnentše Dios tbojabtsakaredadó pwesto, sombra, shekwatšná, mëntšá desegrasie chjaysokéday y bëndate bárina chká pasensia škochëbtsobómñe.

9. Y chká primeramente atšbe Bëtsá (Dios) ntšamo šojeytsabowámna chabe mundo tëshá šojeytsabowamnaká chašopasentsiá.

10. Y parejo kwenta jmaysanatšetay, alma, persona, pamillo (bakó, kompadre, etc.) chká šmojeytsepasentsiá.

KASERO

11. Ndoka remedio, primeramente Bëngbe Dios ntšamo bojeytsabwaúmna chabotsapasentsiá, Y atšbe bárina ntšamo atšbe Bëtsá šojeytsabowamnakaná, chašopasentsiá, y parejo jmaysanatšetay alma pamillo, tayta señor (bakó, sobren, etc.) ombre chká šmojeytsepasentsiá. ✶

SALUDO DE CORTESÍA A UN FAMILIAR

El saludo de cortesía a un familiar anteriormente se hacía en corto lenguaje ceremonial. El objetivo de la visita era enterarse del estado de salud. En caso de que el pariente padeciera de alguna enfermedad, el visitante colaboraba en solicitar o indicar un médico tradicional, conocedor de plantas medicinales, para un tratamiento curativo.

En esta acción de grata visita si el familiar de respeto se encontraba sin ningún contratiempo que lamentar, ofrecía al visitante voluntariamente un pollo que para él significaba un obsequio de "buena suerte".

Saludo de cortesía

VISITANTE

1. Señor tío (nombra el grado de parentesco que puede ser: primo,

Pamillbe saludo

BWACHANÁ

1. Tayta bakó (o jabayán: primo, sobrén, etc.), atšbe bárina Dios

sobrino, etc.), de mi parte con las facultades de ver y de hablar y la salud que Dios me ha dado, vine solamente a dirigirle palabras de cortesía y benevolencia.

CASERO

2. Gracias por venir a saludarme. Aun cuando no hay nada que brindarle, ojalá vuelva otro día para expresarnos el pensamiento por medio de palabras.

VISITANTE

3. Gracias, así como vine a hablarle, volveré otro día a enterarme de su salud y conversar otros asuntos. Con permiso y hasta luego. ✳

karedádo tëšojabtsebema palabra, salud y bominÿ nÿetšaná, nÿe jwatsëtsayáma šjaboleséntsia.

KASERO

2. Dioslëpay ndespagracho tšabá chká škabetsatsëtsay, maskc ndoká yendopodéna, yendolkantsánas, šknëtabetsatsëtsay.

BWACHANÁ

3. Dioslëpay ndespagracho, mëntšá tëkbabetsatsëtsay y mëntšá chtaborepará, chtabontješíe, taytá bojaysenkedá. ✳

AGRADECIMIENTO GENERAL DE UN AGASAJO

En una fiesta familiar, el dueño de casa da comida y bebida voluntariamente a los invitados.

El padre de familia, en el inicio de la fiesta, ofrece un plato con doce huevos cocidos a la persona más importante de los convidados. Éste deshace dos huevos en partes menudas en un plato de ají para brindar en primer lugar al oferente. Luego hace participar a los demás asistentes.

Acto seguido le sirven dos platos de carne de res o de cerdo en dos turnos. El primero con cinco presas y en el segundo con siete.

Después, el padre de familia ofrece a los demás invitados un plato de mote con cuatro presas.

Por último, ofrece una botija de chicha al invitado de mejor atención. Éste nombra a un escanciador para la repartición de la bebida.

Más tarde, en el bullicio del mejor ánimo de conversación inducida por la libación fermentada, el dueño de casa suministra flauta y tambor para dar comienzo al baile tradicional.

Por el proceso de transculturación, esos instrumentos musicales se reemplazaron por la música folclórica grabada en casetes.

Al terminarse el agasajo, la persona principal de los invitados agradece cordialmente al oferente todas las atenciones recibidas, manifestándole que Dios le retribuirá con copiosas bendiciones y provisiones.

El padre de familia responde que la fiesta fue una atención modesta y de amistad con los convidados, solicitando nuevamente la grata compañía para otra ocasión.

Agradecimiento general de un agasajo

INVITADO

1. Con perdón señor: Por mi parte, como existo en este mundo con debilidades humanas, aquí donde Dios te ha dado una vivienda estoy ocupándola en cuerpo y alma.

PADRE DE FAMILIA

2. Solamente me limité a invitarte para el debido saludo, respeto y conversación amable.

INVITADO

3. En cuanto a ti, donde trajinas en tus actividades, Dios te ha provisto de comida y bebida de las cuales me haces participar voluntariamente, ya que de mi parte estoy dándote trabajos.

PADRE DE FAMILIA

4. Despreocúpate. Sólo ha sido una pequeña atención no ofrecida con todas las de la ley, pero que sí me aceptaste con gusto.

INVITADO

5. Así como me brindaste con voluntad todas las atenciones, Dios también te proveerá todos los medios necesarios para el sustento de tu vida. De mi parte, no solamente estoy causándote molestias en el día de hoy, sino en todo tiempo que Dios me mantenga con vida.

Boda jisochwayam

OFJANÁ

1. Taytá chká šmopasentsiá. Atšbe bárina, ndoñe wantad kwerpo y alma atšbe Dios Kwašënleséntsianá, ngnentše Dios kardado tbojabtsabiáma pwesto sombra shekwatšná, mëntšá desegrasie kwatsokédañe, mëntšá kwakbojaysobwajonÿána.

KASERO

2. KanÿE palabra y salud nÿetšaná, nÿe pobrëbe bárina respeto kwabunenëperdén.

OFJANÁ

3. Bëndatbe bárina mokana bopadeséna y botormentanéntše, bëndatbe Dios tojaremëdiá nderech kardadná, boluntado kwaškjobemáñe, más atšbe bárina mëntšá trabajo, empado benatšetnáma atšbe Dios kwašjeylesentsiá.

KASERO

4. Ntšamo remedio, kënÿe testeotéma mëntšá kwaškjaysoboyá, maske faltakná atšbe Dios kwašënleséntsia, kënÿe testeo nÿetšá mëntšá kwaškjaysaboyá.

OFJANÁ

5. Pero konforme bëndatbe bárina boluntadíñe kardado kwaškojeytsobomñamná, Bëngbe Dios chaotsisachínÿe, chaotsiremediá. Y nÿe pobrëbe bárina, ndoñ nÿe mënté, sino ntsekoñama taytábe lwarná, saludo y grasia atšbe Dios šochwantšamian nÿetšaná, mëntšása trabajo empado bochëbtsenatšetnáy.

PADRE DE FAMILIA

6. Hasta el día que Dios nos dé existencia tendré confianza en ti, subsistiendo en este mundo con esperanzas de que alguien me acompañe de vez en cuando.

INVITADO

7. Así como mi Dios me conserva con vida y salud, que me tenga paciencia y también de tu parte.

PADRE DE FAMILIA

8. De igual manera como Él nos provee de todo lo necesario para nuestra manutención y nos da la vida, que en primer lugar Dios me perdone y lo mismo de tu parte. ✦

KASERO

6. Ntsekoñama Diosbe lwar bochjaysbwakwedána nÿetšaná, mëntšá kwakbochjaysašbwachíy; y mëntšá taytábe lwarna konswéloka atšbe Dios tësöchjaysemánda.

OFJANÁ

7. Y ntšamo atšbe Dios ntšamo šojeytsabowamnaká, chašopasentsiá y bëndabe bárina chká šmojeytsepasentsiá.

KASERO

8. Ntšamo Taytábe bendisiónaka bojeytsbwakwedánaká, primeramente Bëngbe Dios chabotsapasentsiá y atšbe bárina chká šmojaysepasentsiá. ✦

VISITA A UN VIAJERO QUE REGRESA

El vocablo chatsëngwanoy que se anota en el texto kamëntšá es una palabra arcaica que en español significa "Mocoa", capital del departamento del Putumayo.

El otro nombre Shatjoy, que también significa "Mocoa", es el más usual en la comunidad. El gentilicio "mocoano" o "de Mocoa", en kamëntšá sha-tjá, significa "gente de monte" o sea "selvático".

El principal objetivo de enlace entre las comunidades ingas del medio y bajo Putumayo y los kamëntšá del alto Putumayo fueron las plantas medicinales, en especial el yagé, planta alucinógena de la selva tropical.

Los kamëntšá aspirantes a médicos tradicionales, se trasladaban al bajo Putumayo para ser entrenados por los ingas en el conocimiento, preparación y aplicación de otras plantas medicinales durante varios años.

Para ejercer la medicina tradicional los kamëntšá se trasladaban a los departamentos de Cauca y Nariño, de los cuales regresaban al cabo de mucho tiempo. A su llegada al pueblo legendario de Sibundoy, las personas más allegadas al viajero le presentaban el saludo de bienvenida en lenguaje convencional o ceremonial. La salutación de los hijos incluía el "perdón de cortesía".

El saludo de los parientes o amigos se formaliza solamente dándole la mano al viajero con la expresión: Kach nÿetsá, expresión familiar de saludo cortés cuando un familiar llega de un viaje o se ha ausentado durante mucho tiempo. En español significa: "Mucho gusto en saludarte y gracias a Dios nos hablamos nuevamente con vida y salud, sanos y salvos".

Visita al viajero

VISITANTE

1. Como el Creador aún me conserva con vida y salud para accionar en este mundo sin ningún contratiempo,

2. aquí donde Dios te ha dado una casa, vengo a saludarte al regreso de tu viaje a Mocoa (o Pasto). Me causa gran alegría el encontrarte nuevamente sano y salvo.

VIAJERO

3. Fui de paseo a Mocoa, donde lo pasé bien sin ningún suceso que lamentar. Luego volví al lugar de donde partí, en el cual nos vemos y hablamos de nuevo con vida y salud.

VISITANTE

4. Mientras Dios nos mantenga en buen estado de salud nos colaboraremos mutuamente. Así como El Creador me conserva la vida, que me perdone toda transgresión y también tú me tengas paciencia.

VIAJERO

5. Que el mismo Dios nos perdone. Si el visitante es el hijo, el padre de familia se manifiesta con la siguiente expresión.

Atashjangwan biajer jabwacham

BWACHANÁ

1. Kach nÿetšá atšbe bárina Dios kwašnobokwedána tonday okasiónaka, tonday delikádoka Taytábe lwarná Dios kwašënlesentsianá,

2. ngnentše ndayentše Dios kardado tbojabtsabiáma pwesto sombra shekwatšná, desegrasie kwatsabayokéday. Taytána Chatsëgwanoy (o "Bastoy") kwatëkjetsopadeséñená, mëntšá Dios kwatkmëntëtslesentsiá, Atšbe bárina kënÿe palabra y saludo bominÿ nÿetšaná kwatkëbtabatošbwachená.

BIAJERO

3. Bandoleráma tejisobókñe Chatsëngwanoy, pero tonday okasiónoka, tonday delikádoka teyjapasiá, y mëntšá Dios štëtslesentsiá. Palabra, saludo y bominÿ nÿetšaná, mëntšá bominÿe kwatbuntëtenbwajó.

BWACHANÁ

4. Parejo Dios bochobwakwedána nÿetšaná, mëntšá katatoy bochubtsenašbwachíy. Bëngbe Bëtsá šojeytsabowámnaká chašopasentsiá.Taytá (bakó, sobrén, etc.) chká šmopasentsiá.

BIAJERO

5. Kach Señor chabotsapasentsiá. Bwachaná wakiñá tomnësna, bebta mëntšá yechanjoyebwambay.

EL PADRE

6. En cuanto a mi hijo, te dejé en este lugar para el "cuido" de la casa, de la cual salí a otra región.

7. En ese lugar compartí tranquilamente con los amigos recibiendo muchas atenciones, de cuya comarca regresé sin ningún contratiempo a esta morada, que san José bendito me ha proporcionado, donde te encuentro de nuevo con vida y salud.

EL HIJO

8. En cuanto a mi cargo he estado cuidando la morada, a la cual gracias a Dios has regresado a fin de que reine la autoridad paternal y mi confianza filial. Con permiso de papá (el hijo se arrodilla ante el padre para el "perdón de cortesía" y recibir la bendición paternal).

EL PADRE

9. El perdón de cortesía no puedo negarte, pero en primer lugar que Nuestro Señor nos perdone y con su digno permiso: "En el nombre del Padre, del Hijo y del Espíritu Santo". ✶

BEBTA

6. Šešonbe bárina kwatkëbjabtseboshjóna, kwašmëshanÿá, atšbe bárina kwatejabtsebókna, tejabtsojwána, inÿe lwar Dios kwašjaleséntsia.

7. Chë lwarna amigwangbe bárina trabajo kwatejatšatá, natjëmbanak lwatejotjëmbambá, kwatejapasiá, y mëntšá Dios štabatsleséntsia ndyentš padre san José bendito tëšojabtsekardadó pwesto sombra kwatejtabatachebiashëngo y šešon mëntšá kwatkëbtabatošbwachená.

WAKIÑÁ

8. Atšbe bárina kwatseyshanÿaná mëntšá ndioslepay ndespagracho tšabá Dios tëkmëntëtslesentsiá y mëntšá kbochtëtašbwachíy. Taytá chká šmopasentsiá (joshaméntšan bébtbe bendisionam).

BEBTA

9. Šesonbe bárina kortesio palabra karedádo škojtsóbomñe, ndoñe kwaochandopódia stëtšoy jenekédana, primeramente Bëngbe Dios chašopasentsiá y šešonbe botaman leséntsiak: "En el nombre del Padre, del Hijo y del Espíritu Santo". ✶

AGRADECIMIENTO DEL CAPORAL EN UNA MINGA

Cuando el dueño de la tierra desea efectuar a tiempo una limpieza de rastrojo, siembra de maíz, deshierbas u otras labores de campo, ruega a un cierto número de personas o a una cuadrilla una ayuda especial para la ejecución de esos trabajos.

El jefe de la cuadrilla, o sea el caporal, previo consentimiento de la agrupación de hombres y mujeres jóvenes, acepta el ruego.

El necesitado del trabajo mide generalmente una tarea de 15 varadas de longitud.

Cada varada comprende un área de cuatro por cuatro metros o sea dieciséis metros cuadrados. Por tanto, una tarea o "guacho" comprende doscientos cuarenta metros cuadrados.

En retribución de la obra, el interesado ofrece al caporal un plato de mote con cuatro presas de carne de cerdo o de res y un plato de mote con tres tajadas de carne para cada uno de los integrantes del grupo cooperante. Luego les ofrece un barril de cuarenta o más litros de chicha de maíz fermentada con guarapo.

Una vez terminada la bebida, el caporal agradece al dueño de la tierra las retribuciones recibidas, ofreciéndose nuevamente a colaborarle en otra oportunidad con la cuadrilla.

Esta colaboración se denomina minga, en kamëntšá mengay.

Agradecimiento del caporal en una minga

CAPORAL

1. Señor tío, dispénsame: Habiendo ido a mi casa a solicitarme una colaboración, vinimos a cooperarte.

2. En el trabajo que te preocupaba no pudimos ayudarte según tus deseos, sino tan sólo en una parte.

3. Aquí donde te dedicas a las faenas del campo, me saciaste voluntariamente con alimentos y bebida que Dios te ha proporcionado.

4. No pude rehusarlos, sino aceptarlos para satisfacer las necesidades de mi cuerpo.

5. Así como mi Dios me mantiene con vida, salud y paciencia, espero que tú también seas paciente conmigo.

6. Las personas que comparecimos al trabajo, fuimos retribuidas con comida y bebida. Dios te pague. Si hay más trabajos de cooperación, invítanos en otra ocasión.

Kaporalbe jisochwayan mengayoka

KAPORAL

1. Taytá chká šmopasentsiá. Atšbe bárina kwatëkjaboyebwambáyekna kwatkëbjabobwajonÿána.

2. Ndmwa trabajito bungmiankaná ndoñe kwatbundetsenayudá. Kanÿe testéo nÿetšá kwatbunetsenajabwáche, o ntšamo bëndatbe jwabna y memoria itsomñekaná ndoknentše kwatëndopodé jëbtsenayudán.

3. Más bëndatbe bárina mokana bopadeséna y botormentanéntše Bëngbe Dios tojaremediá nderech karedádo kwaš'kjóbemañe.

4. Ndoñé kwatëndetsopondé stëtšoy jabtsenëkédan, más atšbe kwerpo y estomado mëntšá trabajo tëkbwetsatšetá.

5. Chká atšbe Bëtsá ntšamo šojeytsabowamnaká, chká chašopasentsiá.

6. Bwetanga Dios tëšojalesentsiá nÿetšaná, trabajo y empado kwatëkmetsatšetá. Dioslëpay ndespagracho, más škochatayempadá.

RESPONDE EL DUEÑO DE LA TIERRA	*KASERO*
7. Perdóname las molestias causadas, por Dios. Otro día que les ruegue otra ayuda, me dan la mano, me cooperan en mis trabajos. ✶	7. Chká šmeysepasentsiá. Diosmánda ndmwa ora tsetsongmëmná ora šmochtabetsotëntšíë, šmnëtabetsayudá, šmochtabetsajabwache. ✶

PETICIÓN DE UN COMPADRAZGO PARA EL BAUTISMO DE UN NIÑO Y RESPUESTA DEL FUTURO PADRINO

Desde su establecimiento en Sibundoy en 1899, los misioneros capuchinos ejercieron en la comunidad kamëntšá una labor religiosa con la catequización, la predicación, el culto y los sacramentos. Por efectos de esa acción religiosa, los indígenas modificaron poco a poco sus costumbres y adquirieron hábitos de vida cristiana.

Las creencias en el dios "Sol o Padre Sol" y la luna como la "Madre o diosa de la tierra" cambiaron por el Dios supremo único, eterno, sabio, bueno, poderoso, creador de todas las cosas y supremo legislador moral, según las concepciones cristianas.

En todos los actos públicos o privados donde se utiliza el lenguaje ceremonial tiene primacía el nombre de "Dios".

Petición de un compadrazgo para el bautismo de un niño

1. Vine para esta diligencia. En este punto donde Dios te ha dado una morada, vengo a ocuparte con familiaridad. Permíteme hablar cortas palabras que Dios me ha concedido y que te dignes aceptarlas.

2. Cuando yo llegué a la pubertad, de acuerdo con mis facultades de pensar y meditar, comprendí que en este mundo se nos presentan varias formas de buscar la vida.

Ochban tayta jayebwambayam šešon jwabayam

YEBWAMBNAYÁ

1. Kemwan (o kem palabra) Dios šjalesentsiá: Ndayentš Dios karedádo tbojabtsabiám puesto sombra shekwatš mëntšá kwakbojtsobwajonÿána. Kenjopódia japaséntsiana kontad palabra, atšbe bárina respet kwachjabbtsenopérdia, Dios karedádo tësöjabtsóbemañe palabra jaingakán.

2. Atšna kamna nÿetšá Diosbe lwarna tësöjabtsclesentsianá, atšbe jwabna y atšbe memoria kwatejandelejéntsia, kem lwar kem bidentšna kwanetsokámbia Tayta ijisoboshjoñ lwarna, ntšamo bida jabtsongwangwán kem lwar kem bidéntše.

3. Contraje matrimonio en el mismo altar mayor de la Iglesia católica que me confirió el carácter de cristiano.

4. Desde el día que Dios me dio la compañera, convivimos aparte y procreamos un hijo mediante unión legal del matrimonio instituido por Cristo.

5. En este mundo, como todo ser humano, soy pecador. El hijo que Dios me ha dado ha venido a este mundo. Esa criatura no puede permanecer infiel, sino que debe ser bautizada cuanto antes en el mismo lugar en donde me cristianizaron para mantenerla en gracia de Dios.

6. Como en este mundo aún nos encontramos con vida y salud, sería posible que me recibieras un encargo de mi hijo, nacido en este mundo, quien tiene voluntad de familiarizarse contigo, llevándolo al mismo lugar donde nos administraron el bautismo.

3. Atsbe bárina ndayents krëschán tësmojánbema y kachenache atsbe bárina respeto kwatietsenoperdé, ndayents Taytábe asento, altar mayor Konsagradéntse kach mamitá perdon tietsotjáñe.

4. Dios karedádo tëswétsebéma kompañeroftakná kwatetsefshantsá mëntsá kach mametá perdon kwatëbjánotjáñená, chteskan bárie tejanokéda. Dios karedádo tëswetsebemaftakná, Taytábe lwarná Bëngbe Diosna trabajo mëntsá kwabtsatsetná.

5. Taytábe lwarna pekador kwerpo y alma Dios kwasnaleséntsianá, ngnatená kach mamitá Dios tësojóbemañ bweñ kreaturná, Diosbe lwarná kwatbunjaboleséntsia. Chana ndoñ kwandopodéna jtsenabowamnána nÿe kachkána, sino ndayentse atsbe bárina krëschan tësmojánbema y kachenach Dios kardádo tbojábema sesoná tojapedesé, asna kwanopodéna kem lwar kem bidéntse jtsenabowamnán.

6. Bëndábe bárina kem lwar kem bidentsna saludo, grasia kwabnobámñená, mëntsá kentsopodéna kentsolkantsána enoséntbe bárina boluntado kwakmojtsóbomñe jobwajonÿánama, mëntsá karedádo skatjóbemañe ndayentse krëschan tjbojanabiáma, mëntsá jtsatsanañáma, Dios karedádo tësojábema bweñna, ndayentse bëngbe bárinak bautismo tmojanoíngakñe kachenache nda betsomñamná jabtsepadesána.

7. Te agradecería infinitamente que a mi hijo, quien se encuentra en la inocencia y carente del carácter cristiano, lo llevaras al sacerdote, ministro de Dios, para que le administre el sacramento del bautismo a fin de cumplir con mi responsabilidad paternal.

8. Por lo cual te solicito de manera encarecida la aceptación del compadrazgo que Dios te pagará con creces y de nuestra parte también te quedaremos agradecidos.

9. Mientras Dios me dé vida, salud y licencia en este mundo te ocuparé con familiaridad y respeto.

10. En primer lugar que Dios me perdone por las molestias que estoy causándote, pero con la esperanza de que aceptes mi petición de compadrazgo. ✴

7. Wáman bachna mëntšá karedádo ibobamñe mëntšá bëndatbe bárina kattsepadésa y karedádo škatóbemañe, nÿe pobrëbe bárina mëntšá agradesido teychtsekedána. Pues ndoñ kwandopodéna, kwandolkantsána nÿe kachká jtsenabowamnánas, Dios karedádo tëšojabtsebéma bweñe kreaturna, mëntšá krëschan kemojabemësná, asna atšbe bárina ndoñ šwatëtsongmëmnaye, ntšamo jtsenabowamnána.

8. Yayekna ndoka remedio atšbe bárina mëntšá respeto kwakbojtseperdéna, palabra mëntšá karedádo škatjóbemañe, bëndatbe botamán palabra chká karedádo kcškjobebemañcsná Dios agradesido mëntšá tiyochjabtsekedána y atšbe bárinak agradesido mëntšá chjeysekedána. Y lo mismo Dios karedádo tëšojabtsebéma bweñna agradesido teochjabsekedána.

9. Y atšbe bárina taytábe lwar ntsekoñama Diosbe lwar šochobokwedána y Dios šochalesénstsiay nÿetsaná, Dios karedádo tëšojabtsebéma palabra, saludo y bomínÿ nÿetšaná kbochëbtsobwajonÿanay, mëntšá respet kbochebtseperdén taytá señor ombre.

10. Primer Dios y bëndáte bárina mëntšá respet kwabotsenperdénaná šmotseperdoná, šmotsepasentsiá. Atšbe bárina mëntšá kwaysobojanÿá y kwaysošbwachíy chká keredad keškojóbemañesná, tayta bakó šmopasentsiá. ✴

Respuesta del futuro padrino

1. Sobre la petición que me haces para apadrinar a tu hijo, no merezco ese honor. Cuando vinimos a este mundo, Dios nos dejó en libertad a cada cual la forma de sobrellevar la vida.

2. De manera que al llegar a la juventud, de conformidad con tu modo de pensar y meditar, elegiste voluntariamente a una compañera, no para vivir con ella en unión libre, sino contrayendo matrimonio en el mismo altar mayor de la Iglesia católica donde recibieron el bautismo.

3. En la morada que Dios nos ha dado convivís con la compañera, y aun cuando somos pecadores Dios nos mantiene con vida y salud.

4. En el día presente, el hijo que Dios les ha dado no tengo el honor de apadrinarlo. Sin embargo, no puedo subestimar las dignas palabras que me diriges. Ante todo, si me tienes paciencia y me disculpas acepto tu petición para ser padrino del niño.

Ochban tayta jaboknabe palabra

1. Atšbe bárina kem palabra karedádo šktsabayobomñáma, atšbe bárina meresido ni obligasión taytsatobwajoñe boluntado jtabayobomñámna. Pero ndoka remedio taytábe lwarna Dios tbojanalesentsiáná ntšamo bida jabtsongwangwána.

2. Kamna nÿetšá Dios ibojalaséntsia orna, bëndatbe jwábna bëndátbe memoria, bëndatbe boluntádo tkojabtsobodelejentsiá shembása o kompañera, kachkana ndoñes, sino ndayentš bëngbe bárie kreschána tbojanabiáma chenache bëndatbe bárina mëntšá Dios karedádo tëkmojabtsebéma kompañeroftakna, mëntšá kwašjabtsepadesé ndayentše Taytábe asento, mamábe asento altar mayor kontsagradentše kach mametá perdón kwašjanotjáñe.

3. Ndayentše bëngbe Dios karedádo tbojabtsabiána pwesto sombra, mëntšá ikmababinÿana Dios karedádo tëkmojabtsebéma kompañeroftakna, bënga probrëna pekador kwerpo y alma Dios kwakmobwakwedána, kwabnaleséntsia.

4. Ngnaténa Bëngbe Diosná, mëntšá karedádo ijo bweñe kreaturná atšbe bárina ni meresido ni obligasión taytsatobwajóñe. Pero ndoka remedio, bëndatbe botamán palabra mëntša karedádo kwaškojtsabayobomñená, atšbe bárina ndoñe kwaochandopódia stëtšoy jenëkédana, pwes bëndatbe bárina chká japaséntsiana japerdonán, asna atšbe bárina mëntšá palabra bwatjeníngaka.

5. En primer lugar, que el Señor me perdone y también de tu parte. Cumpliré tu petición llevando al niño inocente al mismo lugar donde nos cristianizaron. Luego, cumplidas las obligaciones de acuerdo con tu petición, volveré con el niño bautizado para dejarlo en tus dignas manos paternales. ✶

5. Y primera Dios šwatapaséntsia y šwataperdóna y bëndate bárina, mëntšá Taytábe lwarna, bídaka Diosbe lwar kwabnobwakwedána, mëntšá bëndatbe bárina škwatjobwámnatsa, škatjaperdóna, škatjapaséntsia. Kwa mëntšá respet kwachjabtsenopérdia, ndayentš krëschan tbojanabiáma chenachna, mëntšá kwachjapadésa y despwesna mëntšá una bes kejoparejentšána mëntšá kwakbochjabatsëntšabwachíy. ✶

EXPRESIONES DEL PADRE DEL NIÑO BAUTIZADO Y DEL PADRINO

Los padrinos o asistentes de un niño para recibir el bautismo o la confirmación en la Iglesia católica, una vez administrados los sacramentos, vuelven con el ahijado a casa de sus padres.

El padre de familia agradece al padrino el favor de haber acompañado al hijo o a la hija en los actos religiosos. En seguida se arrodilla ante el padrino para el "perdón de cortesía". Esta ceremonia es un acto de respeto a Dios, único ser supremo del universo que tiene derecho a dar la bendición a todo ser humano cristianizado. Pero, encontrándose Él en el cielo, el padrino en su representación y permiso da la bendición tradicional a los padres del ahijado.

Luego se inicia el ágape. En kamëntšá se llama "boda" o comida de agradecimiento de compadrazgo de bautismo o de confirmación.

En primer lugar, el casero sirve al padrino del párvulo bautizado o confirmado en un plato veinte, quince o diez huevos cocidos, según la capacidad económica del oferente.

El agasajado, con permiso del padre de familia, deshace uno o dos huevos en partes menudas en un plato de ají. Brinda en primer lugar a los caseros. Acto seguido a los familiares y demás presentes.

Luego, el padre de familia sirve a los padrinos en tres turnos:

En el primer ofrecimiento de la boda, el plato de mote con cinco presas de carne cocida; en el segundo con seis o siete presas y en el tercero con ocho. En estos agradecimientos se emplean carnes de res, de cerdo, de gallina o de pavo.

El convidado reparte entre los presentes en la fiesta una presa en tajadillas. Lo demás, tanto el plato de huevos como los platos de carne pasan a la mujer, quien los guarda en el morral para la familia. En kamëntšá se llama "jwakjayán". En español significa "guardar".

Finalmente, el padre de familia ofrece a los padrinos una botija de chicha de cuarenta litros. El padrino nombra un "escanciador", que en kamëntšá se llama tsjwayá, que entrega la primera totuma de chicha al padrino. El escanciador, después del brindis tradicional entre los compadres, sirve la bebida a todos los participantes de la fiesta.

Expresiones del padre y del padrino

EL PADRE

1. Con perdón señor: con el mayor respeto te solicité tu asistencia para apadrinar a mi hijo, petición que fue aceptada. Mil gracias por el favor de haberlo llevado al templo destinado para el bautismo. Ahora espero recibir tus dignas palabras pertinentes al perdón de cortesía.

EL PADRINO

2. De mi parte, como no rehusé tu petición, llevé a tu hijo al mismo lugar donde nos cristianizaron, donde el ministro de Dios lo bautizó y ahora vuelvo con él para entregártelo cristiano.

Šešon wabaynabe tayta y ochban taytabe ongwamanayan

BEBTA

1. Tayta šmopasentsiá, šmoperdoná. Atšbe bárina respet kwatkëbtseperdé y mëntšá palabra kwaškjetseíngaka. Dioslëpay ndespagracho mëntšá karedádo kwaškjóbemañe y mëntša Dios kwatëkmënjalesentsiá, kentsopodéna, kentsolkantsána bëndatbe botamán palabra karedádo šmetsóbemañe, y atšbe bárina agradesido mëntšá chtsekedána. (Se arrodilla el padre del niño ante el padrino para el perdón de cortesía y la bendición tradicional).

OCHBAN TAYTÁ

2. Atšbe bárina ndoñ kwatëndopodé, kwantëndolkantsa atšbe bárina mëntšá stëtšoy jenëkédana, Ndoka remedio, atšbe bárina ndayentše krëschan tbojanabiáma chenachna kwatejapadesé, Dios karedádo tbojanabiám šešonná kwatejwatsaná, Ministro de Diosná karedádo kwašjóbemañe, krëschán ktsekedán. Kach mamitá karedádo tbojabiáma bweñe kreaturná, mëntšá kwateyjtatsaná tkëbjabaysentréga.

3. De hoy en adelante, el hijo que Dios te ha dado queda para mí "ahijado" y tú, "compadre". Mientras Dios nos mantenga con vida y salud, nos percibiremos por medio de la visita y nos hablaremos con familiaridad y paciencia.

4. Para el perdón de cortesía no tengo derecho ni obligación de actuar, sólo el Dios del cielo, ser supremo del universo, tiene derecho a perdonar. Sin embargo, por respeto a nuestra tradición, me permito usar la mano de mi cuerpo pecador para darte la bendición.

EL PADRE

5. Conservándose esa tradición, por favor dame la bendición.

EL PADRINO

6. Primeramente que Dios nos perdone y nos tenga paciencia. Con su permiso: "En el nombre del Padre, del Hijo y del Espíritu Santo".

3. Mwentšanëná Dios karedádo tëkmojabtsebema šesonná "ahijado" atšbiam kwatnokedá y bëndatbe barina "kompadre" o "wakiñá" ktsekedana. Ntsekoñam Bëngbe Dios bida bochuiyentšamián chëntskoñamná Dios karedádo tbojabtsamiáma palabra, salud nÿetšaná, karedádo škochëbtsóbomñe. Y lo mismo ntsekoñáma atšbe Dios kem lwar, kem bidentše atšbe Dios šochëbtsawardan nÿetšaná, mëntšasa kbochëbtsobwajonÿánay y pasiensia škochëbtsóbomñe.

4. Kortesie palabrëna atšbe bárina derecho ni obligasión taytsatobwajóñe mëntšá atšbe bárina mëntšá jatotjananam. Solamente Bëngbe Taytá seloka poderoso yetsokolokañá derecho y obligasión imobwajón perdon jotjañám. Pero por kortesía y por respetna iwetsokostumbráñe kortesië jabemán. Chkabsna ndoka remedio, ndoñe kwaochandopódia, kwaochandolkántsa stëtsoy jenëkédana. Bëndatbe bárina chká škochjapaséntsia, atšbe bárina respet chjenopérdia. Selokána Bëngbe Taytá chabe kukwantséka kardádo jtóbemañ lwarëña atšbe bakna bontšan kwerpo y alma kukwatšna respeto kwachenopérdia.

BEBTA

5. Chká iweysokostrumbráñ kortesië palabrëna mëntšá karedádo šmetsobemáñ.

OCHBAN TAYTÁ

6. Primeramente Bëngbe Dios chašopasentsiá, chašoperdoná, y bëndatbe botamán leséntsiak: "En el nombre del Padre, del Hijo y del Espíritu Santo". (Se levanta el padre del bautizado).

7. Durante el tiempo que Dios me mantenga con vida, señor compadre, confiaré en ti como miembro de tu familia. Pero, ante todo, que Dios nos dispense y nos tenga paciencia en esta ceremonia solemne.

EL PADRE

8. Mientras Dios me conserve con salud y gracia confiaré también en ti. Toma asiento por favor. ✦

7. Ndoká remedio atšbe bárina pamill tiokedá ntsekoñama Diosbe lwar šochobokwedán nënstskoñam pamillo y persona kompadre (o wakiñá) kbochwašbwachíy. Y chká primer atšbe Dios chašopasentsiá y chašoperdoná y bëndatbe bárie chká šmopasentsiá.

BEBTA

8. Atšbe bárina ntsekoñam Taytábe lwar y grasia šochëbtšantsamian nÿetšaná, mëntšása kbochëbtsašbwachíy. Taytá chká šmopasentsiá –Meysedeskantsá–. ✦

AGRADECIMIENTOS DEL ÁGAPE

Agradecimientos del ágape

EL PADRINO

1. Dispensa y perdona señor compadre. De mi parte, no habiendo rehusado tu amable invitación vine a tu casa, en la cual trajinas en tus ocupaciones. El ágape que Dios te ha provisto para agasajarme lo acepté afectuosamente.

2. La comida de tu invitación al estómago de mi cuerpo le ha caído bien. Que Dios te provea de subsistencia abundante, pues de mi parte no solamente estoy dándote trabajos en el día de hoy, sino en todo tiempo que Dios me mantenga con vida.

Boda jisochwayam

OCHBAN TAYTÁ

1. Taytá compadre šmopasentsiá. Atšbe bárina ndoñ kwasëndoboyá kábsna, ndayentše Dios karedádo tbojbtsabiam pwesto sombra, Dios ibwaleséntsia, Dios ikmobokwedána pwesto sombrentšná, mëntšá Dios kwašjaboleséntsia, y bëndatbe bárina mokana bopadéšená y botormentanentšná, bendatbiama Dios tojaremedia nderech kardadná mëntšá karedádo kwaškjóbemañ, trabajo y empado kwatbunetsenatšetá, kwatbunetsenobwajonÿaná.

2. Atšbe Dios kardádo tëšojabtsebéma kwerpo y estomadná kwatietsenokwedá. Pero bëngbe Diosná chaotiseremedia y chaotisachínÿe. Atšbe bárina ndoñ nÿe mënté, sino ntsekoñam bëngbe Dios šochaleséntsiay nÿetsaná, mëntšá trabajo kbochotšetnáñ.

3. Sólo el día que Dios me llame a descansar en paz quedaré separado. Desde ese día no volveré a interrumpirte en tus ocupaciones.

4. Pero mientras la Divina Providencia me preste salud y gracia, los miembros de la familia que me tengan paciencia y resignación. Mil gracias por tu amable atención.

5. En primer lugar que El Todopoderoso desde el cielo me disculpe y me perdone y también de tu parte.

EL PADRE DEL NIÑO BAUTIZADO

6. Aun cuando el ágape ha sido modesto, no obstante espero que con el compadre continuemos departiendo familiarmente. Dios te pague y perdona señor compadre. ✳

3. Solamente ndmwa té Bëngbe Dios šojtëttšëmbona, šojtëtobokweda tená bárie chjabtsokéda, chténa o chteskanëná ndoñe watjaysopódia alma persona pamillná trabajo jaysenatšetnayána.

4. Pero, mientras Taytábe lwar salud y grasia šochëbtšantsamián nyentšaná, chkáse pamillna šmochëbtswantán y pasensia šmochóbomëñ. Dioslëpay ndespagracho trabajo y empando kwatëkbetsatšetá.

5. Primera Dios selokána chašopasentsiá, chašoperdoná, tayta señor ombre kompadre šmopasentsiá, trabajo y empado mëntšá kwatbunetsatšetá.

ŠEŠON WABAYNÁBE TAYTÁ

6. Ndoka remedio, nÿe testéo nÿetša kwaškjabeysepaséntsia, y ntsekoñáma Diosbe lwar tayta kompadrëbe bárina mëntšá kbochwašbwachíy. Dios karedádo tëkmojábtsebem palabra y salud nÿetšaná, mëntšá karedádo škochëbtsóbomñe. Dioslëpay ndespagracho šmeysepasentsiá y šmeyseperdoná tayta señor ombre kompadre. ✳

SOLICITUD DE CONFIRMACIÓN

Solicitud de confirmación

PADRE DEL CONFIRMANDO

1. En este mundo nos llamamos cristianos por el bautismo. Dios instituyó varios sacramentos para confirmar y consolidar en la fe de los bautizados

Konfirmasionam jayebwambayam

ŠEŠON KONFIRMASIONAMBE TAYTÁ

1. Taytábe lwarná bënga pobrëna krëschanga imwabáyana, y Diosná lempio kwaneysoboparejáñ. Bënga pobrëna kem lwar kem biedentšná, bëngbiáma Diosná twetsekostumbrá ba sakramento. Bëngbe bárina kem lwar kem bidentšná jabtsoingakñám o japarejam ndmwana tëktsebwashbenána.

2. Al hijo o la criatura que Dios me ha dado le falta recibir el sacramento de la confirmación. Él voluntariamente te ha elegido para apadrinarlo en ese acto religioso.

3. El ministro de Dios nos ha informado el día destinado para la imposición de las manos del obispo a los confirmandos. Por lo cual agradecería tu asistencia a mi hijo en el altar mayor de la Iglesia católica, en la cual el señor obispo administrará el sacramento de la confirmación.

4. En este mundo, si un padre de familia no cumple con sus obligaciones cristianas con los hijos es responsable ante Dios y ante la familia. Para no asumir esa responsabilidad reflexioné seriamente en venir a solicitarte el padrinazgo para la confirmación de mi hijo.

2. Pwes Dios karedádo tëswetsebéma šešon boluntádo kwakmojtsobómñe. Mëntšá kenjopódia karedádo jobemañán japaréjam konfirmasion joingakñám, mëntšá bëndatbe botamán palabra, karedádo škatjóbemañ.

3. Ministro de Diosná mëntšá notisio kwatbonjóbiamañ, nday té kwatënjaseñála chtená mëntšá karedádo jobiamañána. Kentëjtsopodéna, kentëjtsolkantsána palabra jtseingakána. Dios karedádo tëšojabtsebem šešonna boluntado kwakmojtsóbomñe mëntšá jtsobwajonÿánan. Yayekna karedádo šmóbemañ wáman pwestok Taytábe asento, altar mayor kontsagredentšna, señor Obispna karedádo mëntšá teybochjóbiamañ Konfirmasión palabra joingakñam, mëntšá respet bontsenperdén y respeto bundtsenpérdia karedádo jóbemañan.

4. Porke Tatáybe lwarna yayábe barie ndoñ tkonjabtseparejasná atšbe bárie kargo stetsatšetána y chká chaondopasanamná atšbe jwabna y meminá kwatietsenobokaká. Yayekna mëntšá respet kwabotsabáyenëperdéna, mëntšá palabra šmotseingaka y mëntšá karedádo kešjobemañamná primeramente Bëngbe Taytá seloka yotsokolokañá agradesido ichjaysekedána y atšbe bárina agradesido chtsekedána.

5. Tu aceptación y pérdida de tiempo para este acto religioso a una hora determinada, Dios te pagará con creces y de mi parte quedaré agradecido.

ACEPTACIÓN DE COMPADRAZGO PARA CONFIRMACIÓN

6. Tus dignas palabras no serán menospreciadas. Si has de tenerme paciencia me presentaré con tu hijo al altar mayor de la Iglesia católica, en la cual recibirá del señor obispo la confirmación faltante. Luego volveré con él a devolvértelo. Para actuar en esta ceremonia que Dios me perdone y de tu parte me disculpes.

EL PADRE DEL CONFIRMADO

7 Gracias ✶

5. Diosmand por Dios mëntšá karedádo šmotsobemáñe. Mëntšá bëndatbe tiempo bondëtsenëpérdia ntseko ora ministro de Dios yochjaseñála orná jotsánana y señor Obispná mëntšá karedádo teybochjobiamáñe. Ndoka remedio Taytábe lwarna Bëngbe Diosná chká inabtsekostúmbra palabrëna kejoparejasná, atšbe bárina mëntša agradesido chtsekedána.

KONFIRMASIONAM OCHBAN TAYTÁ PALABRA JAINGAKAN

6 Bëndatbe botaman palabra mëntša ndoñ kwaochandopódia stëtšoy jenekédan. Chká bëndatbe bárie juwántan jwaboyayána, mëntšása respeto stjenopérdia ndayentš Taytábe asento, altar mayor kontsagradéntš mëntšása respet stjenopérdia. Señor obispna mëntšá kardádo šochjóbemañe. Dios kardádo tbojabtsabiam šešon bweñna iwashben sakranmento konfirmasión tiyochjoingkáñe. Obligasión palabra inetsomñena teochjoparéja, ndespwesná ko mëntšá teykbochtisentšabwachíy. Y primera Dios šochapaséntsia y bëndatbe bárina lo mismo škochjwaboyay, škochjapaséntsia.

ŠEŠONBE TAYTÁ

7. Ndioslëpay. ✶

EXPRESIONES DEL PADRINO Y DEL PADRE DEL NIÑO CONFIRMADO

Expresiones del padrino y del padre del niño confirmado

PADRINO

1. Con perdón. Habiendo aceptado tu petición para asistir como padrino de tu hijo, me presenté con él al altar mayor de la Iglesia católica.

2. El señor obispo, de acuerdo con su obligación religiosa, le administró el sacramento de la confirmación. Cumplidas mis obligaciones de padrino vine a dejarlo en tus manos.

3. Ante todo que Dios me perdone y me disculpes de tu parte.

EL PADRE DEL NIÑO CONFIRMADO

4. Dios te pague tu benevolencia. Mientras El Creador me dé vida, salud y licencia departiré familiarmente contigo. Concédeme tus buenas palabras pertinentes al rito tradicional (se arrodilla ante el padrino o compadre para el perdón de cortesía). ✶

Ochban tayta y šešon konfirmanabe taytabe palabra

OCHBAN TAYTÁ

1. Ndoká remedio bëndatbe botamán palabra karedádo kwaškjabóbemañ, atšbe bárina ndoň kwatëndopodé o mëntšá stëtšoy jenëkedána, palabra mëntšá kwatkëbjaíngaka, yayekna atšbe bárina respet kwatienoperdé. Ndayentše Taytábe asento, altar mayor kontsagradentšná, kwatejapadesé, Dios karedádo tbojabtsabiáma šešonëná kwatejwatsaná.

2. Señor Obispëbe bárina chká obligasión palabra ineysokostumbrañ palabrëná, mëntšá karedádo kwašjóbemáñ konfirmasionëná kwatnetsoingákñe, Dios karedádo tbojabtsabiam šešon mëntšá tiabaysekedá, tëkbeysentšabwaché.

3. Primero Dios chašopasentsiá, chašoperdoná, bëndadtbe bárie o lo mismo tayta compadre señor ombre šmopasentsiá.

ŠEŠON KONFIRMANÁBE TAYTÁ

4. Dioslëpay tšabá chká karedádo sketsóbemañ y atšbe bárina ntsekoñam atšbe Dios šochobokwedána nÿetšaná Dios karedádo tëswetsebéma palabra salud nÿetšaná mëntšá kbochëbtsobwajoyánay. Taytá chká šmopasentsiá. Taytábe botamán palabra kardádo šmetsobemáñ (se arrodilla ante el padrino o compadre para el perdón de cortesía). ✶

AGRADECIMIENTOS DEL PADRE DEL NIÑO CONFIRMADO Y DEL PADRINO DESPUÉS DEL ÁGAPE

Agradecimientos del padre del niño confirmado y del padrino después del ágape

EL PADRE DEL NIÑO CONFIRMADO

1. Mil gracias por la aceptación a mi solicitud de confirmación y por haber acatado la invitación a mi humilde casa. Ante todo que Dios te bendiga y te pague con creces, pues de mi parte sólo fue un modesto ágape de agradecimiento por tu favor humanitario.

EL PADRINO

2. ¡Gracias! Que Dios te proporcione abundancia de alimentos y perdóname las molestias que te haya causado. ✶

Šešon konfirmanábe tayta y ochban taytabe jtochwayan

KONFIRNÁBE TAYTÁ

1. Mëntšá respeto kwatkëbtseperdé ndioslëpay ndespagracho tšabá mëntšá kwašktsoyeuná, kwašktsobedesé, primera Dios selokána bëngbe Dios tšabe bendisión karedádo chakmetsóbemañ. Y atšbe bárina nÿe testéo nÿetša respeto kwatienoperdé, tayta chká šmeysepasentsiá.

KONFIRMANÁBE OCHBAN TAYTÁ

2. Ndioslëpay ndespagracho, atšbe bárina trabajo y empado kwatbunetsenatšetá, pero bëngbe Dios chaotiseremediá, chaotisachínÿe, y atšbe bárina chká šmotsepasentsiá y šmoperdoná, ndioslëpay ndespagracho. ✶

PETICIÓN DE LA NOVIA

Los novios que tienen relaciones amorosas con intención de casarse, consultan con sus padres para tener en cuenta sus consejos, nacidos del amor que ellos les tienen, de la experiencia y del deseo de que no fracasen en asunto de tan graves consecuencias.

Los padres les advierten sobre las graves obligaciones que tienen en el curso de la vida matrimonial, sobre el trabajo, economía, recato, tolerancia mutua y la ausencia de graves defectos morales que garanticen una vida cristiana y ordenada.

Por último, aconsejan a los hijos sobre lo que deben tener en cuenta para el sentido recto del matrimonio, meditando largamente su decisión de consentimiento, de lo cual se infiere el proverbio: "Antes de que te cases mira lo que haces".

En la petición de la novia se hace memoria sobre la existencia del hombre, su nacimiento, juventud y la unión legal del hombre y la mujer para cumplir los fines nobles por los cuales Dios, ser supremo y creador del universo, instituyó el sacramento del matrimonio indisoluble.

Petición de la novia

EL PADRE DEL JOVEN

1. Ojalá que el día que nací en este mundo, nuestro Dios como dueño de mi existencia me hubiera llamado a descansar en paz, así no estuviera causando molestias a ninguna persona.

2. Pero Él me preservó la vida y hasta el presente me mantiene con salud, concediéndome toda clase de favores.

3. Con perdón señor. Vine al lugar que Dios te ha dado como morada, la cual estoy ocupando por un momento.

4. En primer lugar, que el ser supremo me tenga paciencia y que tú me permitas hablar de una diligencia.

5. Hace tiempo, cuando era joven, según mis facultades de pensar y meditar, conseguí una mujer, no para vivir en unión libre, sino de acuerdo con el sacramento instituido por Cristo.

6. Hasta el día de hoy, con el poder de la bendición de Dios existimos sin ningún contratiempo en este mundo.

7. Nosotros, habiendo contraído matrimonio, el hijo que Dios nos ha dado,

Bembe jotjañam

BOBONTSBE TAYTÁ

1. Ojalá kem lwar tejabanachenÿ té Bëngbe Dios dweñ ketsomñeká masjetsatanobokwédasná kem lwarná ndmwanÿe persona respet taystayseperdén.

2. Pero Bëngbe Dios kwasjanawárda y mënskoñama Bëngbe Diosná kwasnabowámna y salud y grasia Bëngbe Dios kwasnantsamiánaná,

3. Tayta señor ombre ndayentse Dios karedádo tëkmojabtsema pwesto sombra shekwatsna kwasjabolenséntsia y mëntsá kwakbojtsebotsjwán.

4. Primera Dios stapaséntsia y tayta señor ombrëná skatapaséntsia, atsbe bárina kwachetsoyendébia y respet chjabtsenopérdia.

5. Tiempo atrás o natsan kamna nyetsá atsbe bárina Dios sojanleséntsiay ora, atsbe jwabna y atsbe memoria tejábtsedelejentsiá y respet tejabtsenoperdé shembása o mamá respet tejabtseperdé. Kachkaná ndoñ, sino ndayentse Taytábe asento, Altar mayor kontsagradéntsná kach mamitá perdón tebjanotjáñe,

6. y gnanskoñam Diosbe podérak y chabe bendisionakná, parejo tonday okasióna, tonday delikádok Diosbe lwarna kwasnaleséntsia.

7. Bënga pobrëna kwabnalesentsianá, ndoká remedio, kach mamitá kwatbetsashekwásto. Chentsana Bëngbe Diosna ndoñ kwasëndetsashbé, Diosná karedádo kwasnetsóbemañ sesonëná,

8. en el día de hoy también ha llegado a la juventud, por lo cual ha pensado seriamente en definir su vida. En vista de lo cual me ha delegado para cumplir una comisión. Encontrándote en tus cabales me permito hacerte una molestia.

9. El hijo mío ha elegido voluntariamente a tu hija para el vínculo matrimonial y vivir independientes con responsabilidad y fidelidad conyugal.

10. Habiendo definido su idea para celebrar la boda, vengo (o "venimos" si se encuentran presentes el padre y el hijo) a dialogar sobre esa diligencia. Con tus dignas palabras, dígnate preguntar a tu hija si ella me da su consentimiento.

11. Según noticias, hay acuerdo entre los dos jóvenes para contraer matrimonio católico, sin cuyo requisito no se puede vivir con decoro. Por lo cual espero escuchar tu concepto.

EL PADRE DE LA JOVEN

12. Hasta el presente Dios me mantiene con vida. A su debido tiempo también contraje matrimonio, en el cual Dios me dio una hija. ¿Vosotros venís en pos de ella?

---

8. ngnatená lo mismo Diosbe lwarna kamna nÿetšá kwabotsaboleséntsiayená, palabra kwašjolastemáñ ntšamo Dios karedádo šojabtsebéma šešonbe bárina memoria tojabotróka, ngnatená šešonbe bárina palabra kwašjoinkargoñ, kwašjobonÿiñ: Mëntsá bëndatbe bárinak tonday okasiónak, tonday delikádoka kwabnobwakwedána respet kwabochetsenëpérdia.

9. Atšbe bárina Dios karedádo tëšojabtsebéma šešonná gnentš boluntado kwajtsebenÿána, bëndatbe bárie Dios tbojabtsabiáma šešon shembasá boluntado kwabotsobómñe kach mamitá perdon jabtsotjañám, jabtsobáriam, barie bida jabtsongwanwám.

10. Chka jwabna tojabokakaná mëntšá respet kwatsëtsayenoperdén (si el hijo está presente: kwabtsayenoperdén). Taytábe botamán palabra šmayeparté, šmonotisiañ Dios karedádo tbojabtsabiáma šešonbe bárie, palabra tašwattseíngaka.

11. Pwes boluntado kwajtsebinÿanayekná, mëntšá respet tsabayenoperdén, porke kachkaná kem lwar kem bidentšna ndoñ kwandopodén bida jabtsongwangwán kortesio y respetok. Taytábe botamán palabra kardádo šmóbemañ y atšbe bárie oído chajaysejájwa.

TOBIAŠBE TAYTÁ

12. Atšbe bárina gnanskoñama Bëngbe Dios kwašnabowámna, natsanëná atšbe bariná kach mamita perdón kwatejabtsotjáñ chentšná, ¿Dios karedádo tëšojábtsebem šešon bweñ šmojtsashekwastón?

EL PADRE DEL JOVEN

13. Sí señor, vinimos por ella.

EL PADRE DE LA JOVEN

14. Entonces, en seguida hago la pregunta (llama a la hija a presentarse en la sala).

15. ¿Por qué se ha suscitado esta diligencia? Tal vez estás inmiscuyéndote en algún asunto delicado, haciéndome quedar mal. Sin embargo, como ya has llegado a la pubertad, piensa y reflexiona seriamente sobre tu responsabilidad como mujer en este mundo. Por lo cual, de hoy en adelante todo depende de tu decisión.

16. Tú ya eres capaz de entregarte a los quehaceres domésticos (o aún "no eres capaz"). En este momento aún hay tiempo para tomar una decisión sobre el estado del matrimonio. La unión legal del hombre y de la mujer desde el punto de vista religioso no es para un día, sino para toda la vida, que Dios te dé salud y licencia.

17. De mi parte no puedo obligarte ni impedirte, sino que todo depende de ti para dar una respuesta afirmativa o negativa de acuerdo con tu conciencia, a fin de que después no tengas remordimientos o lágrimas.

LA JOVEN

18. De mi parte no es posible, o mejor, lo pensaré.

EL PADRE DEL JOVEN

19. Según informes, esta diligencia hace ya tiempo que está convenida entre los dos jóvenes, por lo cual vine solamente a saber su confirmación. (Ante esta declaración, la joven pretendida acepta la petición).

BOBONTSBE TAYTÁ

13. Arseñor, cham Dios šjalesentsiá.

TOBIAŠBE TAYTÁ

14. Aber notísia škobem (llama a la hija a presentarse en la sala).

15. Ndayek më-palabra tënjaboremédia, talbes shembása respet kwenoperdén, škobwen. Aber yajwán jenojwaboyán, ndmwáma shembása Diosbe lwar bwaleséntsian, ya kamna nÿetsá Diosbe lwar kwakmojtseleséntsianá, mwentšna bëndatbe palabra yojtsoparején.

16. Akna aíñ kmojtsbiashjáche (o "kabá ndoñ kmojtsbiasjáche"). Mora kabá yosháchen, chamna yajwán jenojwaboyán, porke despwés, ndoñ nÿe ratam, sino bweta té bida Dios tbwantšamianubtayté jenokopáñamna.

17. Atšbe bárina jamandán ndoñ, ni jobligan ndoñ; mwentšna šešombe jwabna yojtseparején y kach šešombe aynán lempe kmojtsebwayeyná ntšamo palabra jakedán, si arseñor o ndoñ. Porke despwesna btsongmeñam o btsošacheñamasná, mora yosháchen.

TOBIAŠ

18. Ndoknentš o mejor chjenojwabóyes.

BOBONTSBE TAYTÁ

19. Tempo palabra areglado kantsomñená, cham Dios šjaboleséntsia. (Ante esta declaración del futuro suegro, la joven pretendida acepta la petición).

EL PADRE DE LA JOVEN

20. La hija que Dios me ha dado dio su palabra para el desposorio. Si la cumple será una loable acción y si no la realiza será una acción vergonzosa para nosotros.

EL PADRE DEL JOVEN

21. Con respecto a esa diligencia vine a causarte molestia y también a tu hija. Por todo esto que Dios me perdone y que el señor tío (sobrino, compadre, etc.) me tenga paciencia. ✶

TOBIAŠBE TAYTÁ

20. Dios kardádo tëšojabtsebéma šešonëna palabra twokedaná tojaparejasná rason ichëbtsemna, y ndoñ chkasna kwa respet tëbchjabtsopérdia nÿe tëbchjabtsenwatjá nÿetsáša palabra ichëbtsekedán.

BOBONTSBE TAYTÁ

21. Chë palabrama atšbe bárie Dios kwašjabolëséntsia, respet kwatbunetseperdé y šešonbe bariná respet kwatietseperdé. Taytá bakó (o sobrén, compadre, etc.) šmopasentsiá, primera Dios chašopasentsiá y tayta señor chká šmopasentsiá. ✶

Lenguaje social o común

CUENTO DEL VOLCÁN PATASCOY

En otra época el hábitat del grupo étnico y lingüístico kamëntšá se extendía hasta el centro del valle de Sibundoy, zona feraz para el laboreo de la agricultura, principal actividad del núcleo social.

En la vertiente de la cordillera Occidental de este valle existe el cerro volcánico Patascoy. En tiempos remotos sus erupciones solían ir acompañadas de temblores de tierra. La última erupción volcánica del Patascoy, según tradición de la comunidad, sucedió con terremotos catastróficos, hundimientos y abombamientos de tierra.

Las rocas volcánicas que cayeron en Balsayaco (balsa: "balsa", yaco o yacu en inga significa "río") estancaron la corriente del río Putumayo y después de un corto tiempo se formó la laguna de La Cocha.

Los terrenos aledaños a la extensión de agua muy pronto se convirtieron en sitios pantanosos, cubiertos de totoras (totora: *typhu latifolia*).

Los incalculables daños y trastornos que ocasionaron los fenómenos de la naturaleza a las tierras de la zona central, además de las inundaciones del río Putumayo y sus afluentes, restringieron la explotación agrícola, creando problemas de tránsito, sanitarios y de vivienda que obligaron a la comunidad a trasladarse a la parte alta del valle de Sibundoy.

Transcurrido un tiempo, parte de las tierras inundadas fue aliviada por desagües superficiales. Sin embargo, algunas áreas requirieron el uso de canales de drenaje profundos. El control de las inundaciones tuvo prioridad para favorecer las condiciones de la agricultura productiva en pequeñas parcelas, en donde los actuales aborígenes cultivan maíz, fríjol, papa, repollo y otros productos tradicionales para la subsistencia.

El volcán Patascoy

1. Aproximándose un temblor de tierra en esta región, un perro de caza ayudaba a sus amos a coger un cerdo en la ciénaga.

Bolkán bataskoyka parlo

1. Kem lwar jwisio jtsobemam yejtsobek ora, shbwayá inaujabwachán patronangbioy kotš jotbayam jatshok.

2. En casa, las señoras que guisaban la carne de cerdo, no se acordaron de servirle el caldo al perro. Cuando éste entró en la cocina, en vez de hacerle participar del delicioso líquido, le echaron agua hirviente. Esta mala acción le causó tanto sentimiento que lo convirtió al instante en un hablante sin cambio de naturaleza canina.

3. Entonces el mamífero doméstico pensando en la mala acción de los dueños de la casa, tuvo una idea para hablar y dijo: "Mis amos se volvieron tacaños, pero se arrepentirán de sus hechos al sentir un terremoto en este lugar".

4. Sólo él tenía conocimiento del cercano fatal acontecimiento. Por lo cual determinó irse a otra parte.

5. En el curso del camino se encontró con una persona conocida, a quien le informó del inminente suceso catastrófico.

6. En verdad, al día siguiente se efectuó la erupción del volcán Patascoy, acompañada de un terrible temblor de tierra. La gente sintió como si alguien la hubiera levantado súbitamente del suelo, haciéndola caer al instante en el mismo punto.

7. En la última erupción volcánica del Patascoy ocurrió algo peor. El terremoto fue espeluznante. La tierra se partió en una y en otra parte; la gente que cayó al vacío desapareció para siempre.

8. De las cavidades del suelo brotaba agua turbia, convirtiéndolas pronto en sitios pantanosos.

2. Yébunok kotšbián wabwanaíngna ndoñ monjenojwaboy jtajwatšián shbwayabioy. Tsafjoy yejamashëngo ora, más nÿe bwawán buyeshek mojtsebwëškja. Chamna chë shbwayá pwerte bojongmiá y beyá yejtsebokën.

3. Chká mal mojabwachjangwam inenojwabnay orna, jwabna bojontšashjángo joyebwambayám. Atš yejayán: "Atšbe patronangna stombunga toktsebokán, pero jwisio kochtsakënga kem fshants kejtsabonjná ora".

4. Nÿe chë shbwayá inetsotatšumbuñ chká mal jopásam yejtsobekwán. Ayekna yejenojwaboy mejor inÿe lwar jtsoñam.

5. Bëtachjañ kanÿe yentšá bojobétše. Bunetsabwatmñená bojëbtsenay ntšamo yejtsachwanán mal jopásam.

6. Serto ibsán bolkán Bataskoy jabwachán yejwángchkan. Fshantsná wabowanká yéjwabonjwá. Yentšangna yojonan mo nda ndeolpe btsatsbanaká y btasentaká kachentš.

7. Batesna bolkán Bataskoy ultim yejatángchkan orna, más peor yejopása. Fshants wabowán yejisabonjnáye y yejtsenojatanay inÿok inÿok. Yentšang choy mojatkëkjanëngna empasam mojwenatjëmba.

8. Inÿe jatanenachna tsëšíy buyesh yejtsafchkán y mobën jatëntšañ yejtsobiamnáy.

9. Las piedras volcánicas que cayeron en Balsayaco represaron el río Putumayo. Poco a poco fue formándose una laguna. El río, como no tenía corriente, empezó a retroceder.

10. En ese tiempo, la comunidad habitaba casi la mitad del valle de Sibundoy. Los sobrevivientes de los desastrosos efectos huyeron a la parte alta del valle, cercana al lugar escogido para edificar la iglesia de Dios. Como en ese ámbito no pasaba el sismo, construyeron sus viviendas para dedicarse a sus labores agrícolas. ✶

9. Balsayakok yejatkëkjan bolkán ndetšbenga, bejay yejtsasatbwajtšíy. Wenán wenán wafjajonay yejtsobiamnay. Chíyna ndoñ yentsobwachnujwán káusna, yejontšá jisobtsjwán.

10. Chë tempna jente mojanién kasi tsëntsa jachañënskoñ. Ndoká monjapásangná mojtsachéta tsjwán. Nÿos yébun jajebwam inamën bekonán. Chiñna ndoñ fshants wabonjnaíñ yendmënaná, mojatashawétse jtëtenangamiám trabajo. ✶

CUENTO DE "EL LAGO DE GUAMUÉS O LA COCHA"

Este lago del sur de Colombia, llamado por los conquistadores "mar dulce", es un sitio ideal para el turismo y el deporte. Está situado en el corregimiento de El Encano, en el departamento de Nariño.

Los viajeros que otrora recorrían el trayecto de Pasto-El Encano en un día de marcha, en la actualidad lo hacen en una hora en automóvil, por una carretera angosta que es la vía al Putumayo, una de las puertas de entrada a nuestra Amazonia.

Según la sabiduría tradicional kamëntšá, el lago Guamués o La Cocha, situado a 2.400 metros sobre el nivel del mar, se formó con vómitos de agua de una mujer por castigo de Dios, a causa de vivir ella con un hombre sin estar casados.

Los tres cerros volcánicos que se yerguen majestuosos en el Tábano, punto culminante de la cordillera entre Pasto y El Encano, representan a los tres hijos de la unión libre, quienes huyeron a ese lugar para no quedar sumergidos en el lago, como sus padres.

Como los hijos eran el fruto de una pareja que vivía en mal estado, en desacuerdo con la prescripción divina, al llegar a la cima del Tábano quedaron petrificados.

El lago Guamués o La Cocha

1. En otro tiempo un hombre y una mujer vivían juntos sin estar casados. Éstos andaban solicitando posada de casa en casa. Por su mala condición moral no les favorecían en ninguna parte.

Enkanoka chafshayam parlo

1. Antéo yejanopasan enabwatmat bunán posad watjanay jwantšamiam. Chká mala bida bunetsobomñamna nÿe ndoknentš yentsašebwachíy posad jwantšamiam.

2. La noticia sobre los viajeros con tres hijos, pidiendo alojamiento y agua potable para la sed, cundió en toda la región.

3. El núcleo social convino que en ninguna vivienda se les diera hospedaje, ni tampoco se les regalara agua para la sed, aun cuando el corazón de ellos estuviese candente, por motivo de vivir en desacuerdo con la prescripción divina.

4. Por esa negativa absoluta, los odiados de la comunidad se dijeron entre sí: "Nos iremos a pedir hospedaje a otro lugar, donde haya una gran superficie plana".

5. Cualquier día de la mañana se encaminaron hacia El Encano, donde llegaron a una casa en la cual había una reunión social. En ese lugar, como no conocían la conducta moral de los visitantes, los acogieron sin problemas.

6. Un día que hacía mucho sol, el hombre y la mujer se acostaron en el patio. Entonces pidieron con insistencia a los dueños de la casa que les sirvieran agua para apagar la sed.

7. La mujer estaba tendida de bruces y en el momento en que tomaba agua un tábano la picó en los glúteos, causándole cierto sobresalto. Al instante la mujer principió a vomitar violentamente el agua ingerida.

8. Ese líquido fue creciendo con tanta rapidez en la superficie del hermoso valle que muy pronto se formó un lago, actualmente llamado "lago Guamués o La Cocha".

2. Parlo ndoñ yendáshbenaná yentšang tempo mojtsetatšëmbo mansebadatbiam unga šešongaftak mojtsajna inÿok inÿok posadam, y buyeshnak jtsaywatjanayán wajwendayam jtsofšeyam.

3. Nÿetská yentšang mojenoyeunay ndoknentš posado juyentšamián, ni buyesh kach ndoñ jubwatšatayán wajwendayam, maske chatbe aynán nÿetšá yejisantšñeñán yeñká, mal estado oyen kausa.

4. Enabwatmat mal deltodo wayanat bojtsemnámna bojenián: "Ndayentš bëts jachañ yomén choy bochtsoñ posadam".

5. Ndëjwabnay té nÿe mojanga Enkanoy. Chokna mojashjájna yentšang mnawatswamnéntše. Ndoñ mondëtatšëmbo mokna yentšanga betsomñánaná nÿé mojobwája.

6. KanÿE té pwerte yejtsejënÿá orna bojochashjajwá. Chor chë uta enabwatmatná kaserangbioy yejaruwá buyesh jubwatšatayam wajwendayam jofšeyam.

7. Shemna tombanetš ponto yejtseftëman buyesh orna, tabáno bojetsesjantse y nÿa bojtsajwená. Kachora yejabmwána buyeshna bojóntša bwashkonayán.

8. Chíyna mobën yejontšá jenobotén asta mallajt jtsafjajwa nÿetšá chë botamán jachañ. Kem tempo chë wafjajonay yendwabáyna Enkanoka Chafshay.

9. Los obsequiadores del agua y los tres hijos de la pareja visitante, tan pronto se dieron cuenta del engrandecimiento vertiginoso de lo que vomitaba la mujer, huyeron.

10. Pero el hombre y la mujer unidos en amancebamiento quedaron sepultados para siempre en el fondo del lago.

11. Según la versión ancestral, de vez en cuando a pleno mediodía, los transeúntes del lago o de la isla de la Corota oyen ecos lejanos de tres campanadas; en otras ocasiones se escuchan tres golpes en una mesa, un grito humano o los ladridos de un perro, sonidos que salen desde el fondo de La Cocha.

12. La repetición ocasional de dichos ecos se debe a que en el fondo del lago aún existe gente infiel. ✶

9. Buyesh utšetnaínga y chë unga basengna mojëbtsenÿe chë shembása bojtsashkonay tombanéntše y chíyna yejóntša jenobotén orna, betsko mojtsachéta.

10. Pero chë mal estad oyenëjatna kach wafjajonaíñe yejwatabontsá empasam.

11. Mayorangbe parlna, wafjajónay tšbóka o islëbioka ajnënga, derado jowenán unga soy bëts wabontsnaniemá jwénanán bënok. Inyë orna jowenán unga soy meštomb wabototnayán; yentšábe yoyán o bëts shbwayábe oyanayán. Chká rwidënga jtsobokanán bwatjoykán.

12. Chká jtsopasanán porke choyna kabá yembá jente kamoyenaká. ✶

CUENTO DE LA UBICACIÓN DEL ORO

Un venado condujo a un cazador hasta una cascada en medio de árboles frondosos del bosque. En este lugar la corriente de agua con oro pasaba entre las imágenes de piedra de san Pedro y de un gavilán. Este hallazgo causó al cazador gran sorpresa y admiración.

Antes de llevar el metal precioso al valle de Atriz, pesaba en una balanza, llamada warko, la cantidad de oro para la venta. Esta medida consistía en colocar en un platillo del instrumento una moneda de plata de veinte centavos, y en el otro la porción de oro. Este peso equivalía a "un castellano", o sea en kamëntšá kanye warko, única medida para enajenarlo.

Como el hombre era precavido, no se llevaba todo el oro para venderlo de una vez en Pasto, sino que en cada viaje vendía sólo un poco. Esta práctica no causaba curiosidad a los compradores.

Pero el hermano menor, por ignorancia o testarudez, no puso en práctica los reiterados consejos del hermano mayor para la venta del oro. Su desobediencia le atrajo una serie de sinsabores hasta perder la vida.

Los fatales acontecimientos de la muerte inesperada de los ambiciosos del metal precioso, las desapariciones de la cascada y de las imágenes de san Pedro y del gavilán, ocurrieron al norte del actual río San Pedro del valle de Sibundoy.

Ubicación del oro

1. Un antiguo cazador de oficio cazaba tórtolas, pavas y, rara vez, un venado.

2. Un día de buena suerte no demoró mucho en cazar un ciervo y se lo llevó cargado a la casa con el mayor regocijo.

3. Como le fue bien en la última cacería, volvió otro día al sitio de los venados. No tardó en divisar uno. No le disparó la flecha con la cerbatana, sino que siguió sus pasos con cautela.

4. Mientras el venado caminaba poco a poco hacia adelante, el cazador construyó una choza para pernoctar en ese lugar, en caso de que llegara la noche. A continuación se puso en camino detrás del venado.

5. Hacia la una de la tarde llegaron a una cascada. Como hacía sol, en el salto de agua brillaba algo de color amarillo dorado.

6. El cazador, al mirar hacia la parte alta de la cascada, vio una imagen de piedra de san Pedro en el costado derecho y otra imagen de piedra de un gavilán en el izquierdo. En medio de ellos bajaba el agua con oro.

7. Entonces el cazador, acercándose pronto al salto de agua, introdujo en él su sombrero viejo para llenarlo de oro. En seguida derramó el agua de la prenda.

Kastellan binÿnoka parlo

1. Antéo shbway yentšá inashebwanay tortolita, kukwán, deradna mongoj.

2. Swert bojotšetay té ndoñ bënënskosna bojashbwá mongoj. Bojisosmáyes bojwamba yébunoy mo ntsachetšá oyejwayéntše.

3. Ultimamente tšabá yejapasamná yejtísa mongojëng jenoy. Chokna ndoñ bënënskosna bojawabínÿna inÿe móngoj. Chana ndoñ bonjajwésa plechufjwakas, nÿe bojontšá jwastán wenán wenán.

4. Chë mongoj bekoñ yejtsenatsanënskwán, shbwayaná yejwatámbwa jëbtsetem derado tbojtseibetatëse. As yejtëtóntša ustonán chë mongoj.

5. Mošenán ora bejay choreroka bojenabókna. Inetsojënÿañená yejtsebwastëtjwan bejaíñ yejtsetkunÿenÿán tsësián.

6. Chë shbwayá jwatsboy yejatsrepára orna bojatabinÿna katšbioyka biatsan San Pedrëbe imajen ndetšbé y wañekwayoykna biatsan gabilanbe imajen ndetšbé. Chatbe tsëntsajan bejay bewatajwán castellán.

7. Chorna betsko yejobékonas yejobwajwey chorerentše chabe tangwá bwechtsanëshëñ. Mobën chëñ castellán yejojútje, nÿe buyesh bojotoká jisabwashanán.

8. Como ya atardecía, fue a pasar la noche al rancho para volver al día siguiente a la vivienda. Allá, sin entrar en la casa, se dirigió a la choza de la sementera.

9. Puso un tiesto en la tulpa con buena leña encendida, en el cual tostó el oro para que brillara más. Luego lo llevó a la casa.

10. Cuando salió a Pasto llevó consigo una pequeña cantidad del metal precioso para cambiarlo por dinero. La gente blanca del valle de Atriz le compró.

11. Como le fue bien en la venta, perforó con una aguja la base de una totuma redonda a fin de que el agua del salto pasara rápidamente por ella. Entonces la ató a un cabo de madera. Con este implemento daba vueltas a la cascada para recoger puñados de oro que negociaba poco a poco en Pasto.

12. El cazador tenía un hermano menor muy pobre. Éste, dándose cuenta de que al hermano mayor ninguna cosa le faltaba en su vida doméstica, le suplicó con gran sentimiento que le permitiera acompañarlo a Pasto; petición que le fue concedida.

13. Por el acompañamiento, el hermano mayor le compró en la ciudad dos varas y media de tela para que el hermano menor cosiera una cusma.

14. Como el hermano mayor recibió en Pasto plata contante por el oro, al menor le pareció atrayente el dinero de la venta. Por lo cual, al llegar a la casa, volvió a rogarle con lágrimas que también lo llevara al lugar donde había oro.

8. Jetíñ yejtsemnámna yejá tamboy jëbtsetem, ibsan oyenoy jtam. Chokna nÿe njaysamashëngká yejachnúngo jaja tamboy.

9. Jwakó ijašníe, tšabe niñá yejwañeñás yejtsešmíe chë castellán más bwashënÿenÿanán jabemám. As tsoy yejuyámba.

10. Bastoy yejabokën orna yejwamba batatem castellán. ralak jentrokam. Choka škenëngna aiñ mojontšabwaméñ.

11. Tšabá yejapása jeyámayekná, sachamat kwashaj yejobosatkakáye koshufjak jastšoy, betsko buyesh chawenobwachnëjnam. As niñufjeñ yejwabobatsëk. Chufjak yejtsëshkwán choreroy oñúbon kastellán jtoshacheñám.

12. Kanÿe katšat bunabómna lastem pasayá. Wabochenabioy bojtsantsenÿen tonday bojtsëshbebianamná, bojarwá ngmenak Bastoy jëbtsbetšam. Aíñ bojašbwacheñá jwanatsam.

13. Bojatjëmbambnayamná Bastok bojëbtsabwameñ uta bara y media yentšjwá, katšat shabwangwanujwá chawabojonám.

14. Wabentsana Bastok bojwantšénÿe wabochenabioy bošenanká rala mojtsbokwénta kastellanam. Chiekna bojabatashjángo orna, wabochenabioy bojatsrwa shachbuyék chë kastellan binÿnoy jaysbetšam.

15. Entre sollozos le dijo: "Yo soy muy pobre, por favor llévame a conocer el sitio del metal precioso".

16. El mayor le contestó: "La loma es temible. Si puedes correr para huir, te llevaré".

17. Como el ruego era insistente, accedió finalmente a llevarlo con la advertencia previa: "Para ir a ese lugar no se debe llevar fiambre con ají, tampoco comida cocida, sino solamente harina de maíz tostado sin sal.

18. Como el sitio del oro se encuentra lejos, llegaremos al atardecer a pasar la noche allá mismo. Durante ocho días no amanecerás con tu mujer, sino solo. El día de la ida te bañas muy de mañana. Entonces partiremos".

19. En verdad, el día del viaje se fueron bañados. Hacia el mediodía, para tomar el almuerzo, el menor sacó presas de gallina con ají.

20. Al ver eso, el hermano mayor lo reprendió fuertemente. Le arrebató el fiambre y lo echó al abismo. Luego le recordó la anticipada advertencia:

21. "¿Acaso yo te ordené que trajeras esa clase de fiambre? Solamente harina de maíz tostado para comer sopa sin sal. Mañana por la mañana hubiéramos ido a coger el oro".

22. Después de la represión se regresó a la casa, donde informó a la mujer que el menor no había cumplido en llevar el fiambre de acuerdo con la previa admonición. Por esa causa no llegaron al punto del oro.

15. Bojauyán: "Atšna yap lastem tsjisepásas nÿa šmanátse jawabwatmanám ndayentš chë tsëšeyan Dios yoremédian".

16. Wabochená bojojwá: "Choyna bouyán loma tjabtseséntia. Jtseshekbwachán jachamásna, aíñ kbatjwanáts".

17. Bojtëtóntša rwanentšán bojašbwachená jwanatsan. Bojshabwayená mokna jatan netseytëtanán choy jam. "Jatan tsëtšakna ndoñ ntsambayán, wabwanán ndoñ, nÿe šmen janÿetšna sin tamok.

18. Chokna bënok ktsomëñ, jetiñoy bochanjashjángo y kachoka bochanjatáy. Choy jamna seman ndoñ kompañeroftáka matsbobinÿanán, sino kanyá. Jam té tshenÿán kochjisobebiás bochjá".

19. Serto jobiajera té bojáta bebenáta. Nÿetstó yejtsobwache jwalmorsam orna, wabentsá yejwabókna bolletbian tsëtšak.

20. Chká bojwantšenÿe orna pwertián bojtsákakán katšatbioy. Bojtsantsatëntšen chë jatán y tboy yejtsëtbwabentá. Bojauyán wabentsabioy:

21. "Atš chekbojamandá chka jatán jtseiboyan, nÿe šmen janÿetšnam tëkbonjauyán tambok ften ntšbonén jabmwanam. Ibsë kachësa buntajá kastellan joshacheñam".

22. Chká bojiserasonas rabiak yejtsasëshkoñ. Shembiok yejobwambay chë catšat ndoñ yenjokúmplia ntšamo natsan bojabwayenaká. Chë kausa ndoñ bonjabtsashjángo.

23. Al menor, que tanto le gustaba el ají, le causó pena que su hermano hubiera echado las presas de gallina al abismo. Sin embargo, él también se vio obligado a regresar.

24. Transcurrido algún tiempo volvió a casa del hermano mayor a suplicarle una y otra vez que lo llevara a conocer y que él no cometería falta.

25. Finalmente el mayor le dijo: "Si en verdad has de cumplir de acuerdo con mis observaciones te llevaré, de lo contrario olvídate de insistir. En ese lugar suceden cosas espeluznantes".

26. Al llevarlo por segunda vez, el menor cumplió las órdenes del mayor. Llegaron por la tarde al lugar cercano de la mina de oro, donde pernoctaron en un rancho.

27. Al día siguiente, sin tomar desayuno, fueron con prontitud al lugar del salto de agua, en el cual caía el oro como fragmentos de piedra.

28. El hermano mayor introdujo en el salto de agua la totuma perforada, en la cual quedó tan sólo el oro. En seguida vació el metal en otro calabazo nuevo.

29. Luego prestó la totuma perforada al menor, quien hizo la misma operación para la recolección del metal precioso.

30. Entonces el mayor le dijo al menor: "Ahora que ya recogimos lo que necesitamos, vámonos rápido al rancho".

23. Wabentsá tsëtša wayatmá bojongmiá bojisantšautšenam tboy, parej twambianak. Chentšán chanak nÿe obligado bojotoká jisëshkonán.

24. Bayté yejatchnunguës yejtísa wabochenabioy jtatsrwanam pronto jwanatsam.

25. Ultimna boujayán wabentsabioy: "Deombre jokomplian tëkbojtsebwayenakásna kbochjwanátse, ndoñesna ndoñ. Chokna wabowanká kopasán".

26. Utam bojisanáts orna chë wabentsá aíñ yejokúmplia ntšamo wabochená bojaordenaká. Jetiñoy tamboka bojashjángo jatayam.

27. Ibsan en ayunas bojenakmey choreroy. Sertë bejaíñ heutswetjwan castellanak nÿa bëtsetsa kaskajká.

28. Wabochená chë kwashaj satkakanëjën yejojwey choreréntše. Mobën buyesh yejenobwachnëjna, nÿe ena kastellan yejokedá. As inÿé tsëm kwashajíñ yejenëchnúngo.

29. Chentšán chë satkakán kwashaj bojwantšám wabentsabioy. Chanak choreréntše yejatjwey; mobën che castellán yejatjútje.

30. Chorna wabochená bojuyán wabentsabioy: "morkokayé tbënjëbts-shachéñ bëndátbe wajabotán, betsko kwatay tamboy".

31. Estaban a pocos pasos de regreso, cuando sonaron truenos espeluznantes que acompañaban a los relámpagos y a los rayos luminosos que caían a diestra y siniestra; las gotas de la lluvia torrencial caían como frutas de uvilla. Ante esta tempestad violenta corrieron a la choza.

32. Cuando pasó la violenta perturbación de la atmósfera nunca vista, comieron la sopa de harina de maíz tostado sin sal; luego, habiendo tostado el oro para que fuera más brillante, regresaron a la vivienda.

33. Al llegar a la casa, el mayor aconsejó al menor lo siguiente: "Nunca lleves a vender a Pasto todo el oro, sino tan sólo el peso de una o dos monedas de veinte centavos".

34. El menor, por ambición de la plata, se atolondró. Desobedeciendo las recomendaciones del mayor, llevó a Pasto todo el oro que recogió en la totuma.

35. Los blancos de la ciudad se lamentaban porque no podían comprar esa cantidad de oro, ni vendiendo los edificios donde habitaban, las fincas y los semovientes.

36. En vista de la escacez de dinero se le acercaron a preguntarle: "¿Dónde encontraste tanta cantidad de oro? Cuéntanos sin egoísmo. Nosotros somos indigentes, por lo cual también tenemos derecho de ir a recoger el metal precioso".

31. Nÿe bekoñetem bojtsatáye orna tempo yejajwés bwawatjanán; waften yejtsetkëkjan nÿa shuftaká; wabowán yejtsatkúnÿay rayjëyengakatatatoy yejisetëkëkján. Chká yejtsopasanam betsko tamboy bojisotjájo.

32. Ndmenÿenká yejochnúngo orna bojabmwaná šmën janÿetšen ntšbonén ftenká. Chorna chë kastellán bojisešmíe más chaotsetsëšiam, as bojtá oyenoy.

33. Yebunok bojatashjango orna wabochená bojabwayená wabentsabioy; "Ojal lempe chaktsambá Bastoy. Nÿe mo uta o unga wark nÿetsá jwambán jetsobweyam, más ndoñ".

34. Chë wabentsá ral kodisiosná nÿe tontiado yejtsobem. Ndwawenaná nÿets kwashbiá kastellán yejtsayambañ Bastok jetsabweyam.

35. Chóka škenënga mojtsenëngmëmnay ndoñ jobenaíñ chubta kastellán jobwameñam ni yébuna, fshantsa, animalënga lempe jeísna ndoñ chë ral jwashjachíñ.

36. Chiekna mojobobekonás mojtsetjanay: "Nÿa ndayentš nÿetšá kastellán tëktsenÿen; nÿa klarë šmenÿanÿíe. Bëngna lastem bsëndëpásas, ayekna bëngnak bchjókñe".

37. El ignorante informó todo lo relacionado con la ubicación del oro; las imágenes que se encontraban en ese lugar; la forma de recoger el oro en la cascada y lo que sucedía después de la recogida.

38. En seguida, los ambiciosos blancos le sujetaron las muñecas de las manos por detrás como a un reo. Despúes lo encarcelaron hasta el día de encaminarse al lugar de la ubicación del oro.

39. Mientras le sucedía en Pasto ese percance doloroso, lo sorprendió el hermano mayor, quien después de reprenderlo severamente por no obedecer sus consejos, regresó a la casa anticipadamente.

40. Al llegar a la vivienda lloró amargamente. Luego informó a la mujer el mal procedimiento del menor al divulgar la ubicación del oro, el arrebatamiento del metal amarillo a su hermano por los blancos de Pasto y su encarcelamiento.

41. Al día siguiente, muy de mañana, el hermano mayor volvió por última vez a la cascada a recoger otra totuma del metal precioso.

42. Cuando descendía del monte los blancos de Pasto ya subían con las mujeres cargando el fiambre.

43. El hermano menor, con las muñecas de las manos atadas por detrás, subía delante de la comitiva blanca que le gritaba: "Muéstranos pronto el sitio del oro o te matamos de una vez".

37. Chë obëjemna lempe yejobwambay ndayentš chë kastellán bebinÿnán; ndayá choka biatsanán; ntšamo joshacheñán chorerentše y ntšamo choka inopasanán kastellán tkojoshacheñ ora.

38. Škenëng kodisiosëgna kachora mojabotšenay y preská mojutáme mo ntsache delitbomnaká kandunatsentskwán kastellán binÿnoy.

39. Chká yejtsepásay lastemká Bastóka ora, wabochená bojetseshachechiy ntšamo wabentsá yejochjangwán y ntšamo yejtsepasayán ndwawenán causa. Korente bojisakakán ndoñ kondoyeunam chabe konsejo, as natsan yejtsatóñ.

40. Yajtashjango moka orna yejabetsenobošáchna jabwaches yejobwambay shembéñe ntšamo wabentsá yejochjangwán Bastok y ntšamo mejabwáchjangwan chë kastellan mojtsabokës.

41. Ibsán kabá kachës yejisá última betsk jtokñam kwashájwa kastellán.

42. Yejtsatastjajwan tjokán orna Bastóka škenëngna ya mojtsetsjwájna parej shemangaftáka jatán wasmëmanënga.

43. Katšatna nÿets uta kukwatš stëtšoyk enaná mojtsenatsetsnáye bochembonán: "Betsko šmenÿanÿíe ndayentš chë kastellan yobinÿnán y ndoñ chaškonjinÿíesna, kanÿe ora kbochtsepochoká".

44. Los blancos en la subida iban despidiendo olor de tabaco. Pero en esa montaña no era permitido fumar; tampoco llevar fiambre con ají y cebolla.

45. El menor, como conocía la ubicación del oro, los llevaba directamente a la cascada. Al acercarse a ese sitio hubo truenos espeluznantes que acompañaban a los relámpagos, rayos y lluvias torrenciales que cayeron de día y de noche.

46. Los rayos y truenos estremecedores dieron muerte a todos los blancos ambiciosos del oro y también al guía indígena.

47. El hermano mayor, primer conocedor de la ubicación del oro, tan pronto escampó, volvió al mismo lugar para cerciorarse de los extraños sucesos que seguramente ocurrieron.

48. Cuando llegaba cerca de la cascada, vio primero los trajes despedazados que colgaban de los árboles, pero sus dueños, los blancos y su hermano, habían desaparecido.

49. En seguida fue a ver el salto de agua que bajaba con oro; ya no existía. El cauce de la corriente se encontraba a cierta profundidad, como si lo hubieran zanjado.

50. La avalancha precipitada violentamente, había desenterrado piedras y desarraigado árboles de la orilla del río, dejando ésta despejada. Solamante se sentía una desgracia y un silencio sepulcral como término de la ubicación del oro.

51. Las imágenes de san Pedro y del gavilán habían desaparecido. ✱

44. Škenëngna mojtsetsjway orna nÿe ena tbakwan mojtsaynguëtšenay. Chë lwarna ndoñ yendopodén tbako jwakwakwayán; ni juyamban jatán tsëtšáka ni sebollëšéka.

45. Wabentsá ya yejtsabwátma ndayentš kastellán bebinÿnánaná nÿe derech yejtsnacháy choreroy. Mojtsabékonay orna tempo wabowanká yejtsejwesáse, yejtsatkunyáye, rayjënga katatoy yejisetkëkján wabténak nÿets bnëté y nÿets ibet.

46. Wajwesayá y chë rayjënga lempe yejtsapochokáye chë kodisios škenënga y chë kabëng unachayának.

47. Wbochená natsán wabwatmá kastellán binÿnoy, yejobáye ora, yejischumo kachoy jtsetatsëmbwan ntšamo wabowanká yejopásan.

48. Yejtsashjajwan chorer bekonán orna yejshényë škenëngbe yentšayá lachabëfjungaká betsatajuchetotjën betienache, pero chënga y chë catšat mojtsenatjëmba.

49. Kchora yejatá bejay bwastëtjwanoy kastellanak. Chíyna ya tonday. Obujnëjan jashenok betsatómñe mo btsabchambaká.

50. Ijabshatájo mallajt bejayná tsachaján ndetšbenga y betieshënga lempe yejtsejatsáka; nÿe ena jenÿñíñ yejëbtseboshjon.

51. San Pedrëbe imajen y gabilanbe imajen ndoknata. Chatnáka bojwenatjëmba. ✱

CUENTO DEL INFIERNO

En la mentalidad indígena se siente y se piensa que el fin del género humano es la muerte. Antes de adoptar la doctrina cristiana, difundida por los misioneros católicos en tierra de infieles, se creía que el alma de toda persona fallecida se presentaba ante una plataforma ubicada en la parte central de una escalera de ascenso y descenso, en la cual debía continuar su viaje hacia el más allá.

El alma del hombre que hizo el bien y evitó el mal en este mundo, percibía desde la plataforma en la parte más alta de la escalera un lugar resplandesciente y maravilloso, donde debía llegar para disfrutar de la eterna felicidad, como premio de las buenas obras realizadas en este mundo.

El otro lugar, de tinieblas, ubicado en las profundidades oscuras de la escala descendente, era residencia de los hombres negros, horrorosos y espeluznantes, de cabellos enmarañados y de ojos chispeantes. Éstos hostigaban sin compasión a las almas de las personas que cometieron crímenes imperdonables en el curso de sus vidas. Además, existían en ese espacio indefinido un sinnúmero de animales feroces que también atormentaban a los réprobos.

El núcleo social, al escalar un nivel de vida diferente por la transculturación y al despertar en ella nuevas necesidades tanto materiales como culturales, reemplazó su antigua creencia en el lugar luminoso por el cielo, mansión de los bienaventurados donde Dios premia a los justos que mueren en su gracia.

El otro lugar, de profunda oscuridad, es el infierno. Según la doctrina cristiana es el lugar de ultratumba destinado al suplicio de los condenados. El negro soberbio y perverso, quien sostiene en su mano un bastón de mando de tres astas, es Lucifer, jefe de los ángeles rebeldes. Los otros negros, espantosos y feos, son los demonios, espíritus malignos, tentadores de los fieles creyentes.

El infierno

1. Una persona se desmayó durante seis días con sus respectivas noches. Igualmente, a otra persona le sucedió el mismo caso, pero solamente la privación del sentido fue de tres días y tres noches. Ellos volvieron en sí con sus facultades de hablar al mismo tiempo.

Infiernoka parlo

1. Kanÿe yentšá bojadesmáya chnungwan té parej ibétak. Inÿanak kachká yejatspása, pero chana nÿe unga té parej ibétak. Chentšán kanÿe ora mëlwar jwesie bojabayséka y bojabaysoyebwambáy.

2. La persona que perdió el conocimiento durante tres días comenzó a narrar lo que vio y oyó en el otro mundo. Por tanto, inició el cuento de la siguiente forma:

3. "Durante el tiempo en que estuve inconsciente, salí a la mitad de una escalera para subir y bajar. Hacia la parte alta de la escalera percibía lugares diáfanos, admirables y asombrosos. Cuando observaba esa maravilla, un personaje negro y espeluznante me jalaba hacia abajo de la escalera.

4. Habiéndole seguido, muy pronto llegamos con él a un lugar muy cálido. A través de un portón descomunal me hizo entrar en una sala, ubicándome detrás de la puerta. Al instante se arrimó a mis pies un cachorro velludo de color obscuro. Era mi defensor.

5. Cuando fijaba la vista en la sala interminable vi unos negros espantosos que azotaban a la gente con una varilla candente. En cada azotaína echaban chispas a diestra y siniestra y los flagelados daban grandes quejidos lastimeros.

6. Una persona soberbia y arrogante (Lucifer), sentada en medio de la sala, sostenía en su mano un bastón de mando de tres astas. Éste ordenaba a los horribles negros a cumplir el siguiente mandato: «Preparad sitios para los payaneses, pastenses, bogotanos y para los de tierra caliente».

2. Ungatián bojadesmáya chana shachbuyek yejontšá jakwentan ntšamo inÿe lwar oído y bomínÿ yejëbtsejájwan. As mëntšá yejontšá japárlan.

3. "Empas tësojabotëkja ora inÿe lwar tejabokën sklerëša ustjon tsëntsak. Sklerëša tsbananoyná korente binÿníñ sëntsonÿá. Chká tsjetsobwawatj orna kanÿe ftsenguëj šojetsasjay tsmán más tsmán kach sklerëšañ.

4. Tejetsastoná ndoñ bënënskosná korent onÿaíñ šjenabókna Mallajt bëšashéntše šjaumashëngo tsoy y bëšáša stëtšoyka tejotsay. Kachora ftseng shbwayá melmonash atšbe shekwatšentše kojabojwácha. Chana atšbe wardasión bejtsemën.

5. Bucháshben tsañ tsëtsantješna orna, baká wabon ftsenguëjënga yentšangbioy biachebwanjnay iñ yerujáka. Kada chbonjan ena chispjënga bejisajkëshay katatoy y tjanjanëngna nÿetšá jisendëntjanán lasteméntše.

6. Wabowán bëtsëkná tsa tsëntsak jakená biatbën barufja unga lantsësá bomnufja tsbanán sebióka. Chana yejtsaordenay ftsenguëjëngbioy: «Šmochtseprontáy pwesto popayejëngbiam, pastusëngbiam, bogotillëngbiam y onÿayoykëngbiam».

7. Después de un corto tiempo, los negros entraban a otra gente en la sala, en donde los condenados, atados por el cuello con cadenas, eran golpeados con una varilla de hierro candente y a cada varillazo echaban chispas deslumbrantes.

8. Burlándose de los penados les decían: «Ahora vuelvan a abusar de una mujer por violencia o por astucia. Este castigo merecen por forzar a mujeres».

9. Al mirar hacia el otro costado de la sala vi una hilera de mujeres. Un horrible negro, introduciendo una varilla enrojecida en la boca de una mujer, le decía: «Ahora vuelva a calumniar, a mentir con su lengua». Luego, con el mismo implemento, la golpeaba hasta hacerla desaparecer. Poco tiempo después, esa misma mujer volvía a levantarse en forma de humo con llantos inauditos.

10. Después vi a otra mujer que había tomado un brevaje esterilizante para no tener hijos. Cerca de ella estaba colocada una artesa de agua. Encima del recipiente flotaban niñitos muertos, de ambos sexos.

11. Los horribles negros le decían: «A estos niños los mataste cuando tomaste la bebida esterilizante. Ellos hubieran salido, algunos, trabajadores, otros, responsables, honestos y amables. Pero no ocurrió así por tu culpa. Ahora cómetelos». Luego continuaron con la paliza.

7. Ndoñ bënënskosná ftsenguëjëngna inÿe yentsanga bejtsëmashejwán kadenëjwa tamoŝenanënga. Chëngbioy jenabojotán utsjanjnayán kuñeñán yerufjáka. Kada utsjanján ena chispëjënga jisajkëshayán.

8. Kastiganëngbioy tsabwayajwanës jtsëtsayán: «Morsë chë ajen shem matsëytëme jenobweyam; morsë ajen shembása matsjwersá respet japérdiam, mwán kmajabóto».

9. Inÿe jushaján tejatsrepará orna tejaténÿe ena shemang utbenán. Wabowán ftsenguëjna kanÿe shembioy tshangan yerufja bejtseyautsaíse bejtsatsay: «Morsë matoyenÿen, matobosteró, buchtajaksa tkonjëbtsenoyebwey». Chentsán kach tshangan yerujáka bojatachbongánja asta chë shem jwenatjëmb nÿetsá. Gonká tojtët-tsbaná orna jtëtatsanán lastements enoboŝachiyá.

10. Chentsán inÿe shem ŝnatabínÿna enash yejtsofŝiá, ŝeŝong ndëtsabamnam kem lwar. Chábe bekonán bachesëñ bejtsafjajón buyesh. Jwatsbókna bejtsatsubkjan ŝeŝonachemënga obanënga, boyabasetemënga y shembasetemënga.

11. Chorna chabioy bejtsatsay: «Mungsa tkonjetsbáye enash tkonjofŝíe ora. Chënga ktajabokán nÿaná trabajayá, yejabwachá, tŝabe yentsá nÿetskna soyama. Pero ndoñ chká cheojopasá kachakbe kausa. Morna lempe mots-sáñe». Chká mojauyanëse mojatsëngarotiay.

12. Al fijar la vista en otra mujer percibí una culebra enroscada en su cuello que chupaba la leche del pecho de la señora. En ultratumba éste era el castigo para las mujeres infecundas.

13. Por último, la persona soberbia y altiva sentada en medio de la sala dijo: «Estoy percibiendo el olor de algo desconocido (refiriéndose a mí). Él aún no debe llegar a este lugar, sino dentro de tres años. Por lo tanto, sáquenlo».

14. Entonces vino un horroroso negro a desalojarme del lugar de los animales monstruosos. Empecé a subir una serie de peldaños. Al llegar a la mitad de la negra escalera empezó a clarear el día. Fijé la vista en lo más alto de la vía, donde percibí maravillas de belleza. Estando en esta contemplación recobré mis cinco sentidos".

15. En adelante narraba con lágrimas lo que había visto en la otra vida con las siguientes palabras: "En verdad, en el otro mundo hay un lugar de castigo espantoso e inimaginable llamado «infierno», según comunicación de los horrendos negros". Aconsejaba a los hijos para que su futura descendencia no incurriera en culpas graves ni hiciera daño a nadie, a fin de no caer al lugar destinado para el suplicio de los réprobos.

12. Inÿe shembioy tejatsrepara orna šjatabínÿna, chana mëtškway ntšbwaná bémna y chábe nguëtsašna chochíñ bejtsajonÿán ochochay. Chka kastigo inamën inÿe lwar kem bidentše ndmwanÿe shembása tonday šešon bomnabiam.

13. Ultimna chë betsëkná yejayán: «Mwéntše kakana šontsanguëtšán. Chaná kabá ndoñ mëlwar jashjangwá kenatsmën. Mataboknënga. Mwentšán kabá unga wat té kochjabóye».

14. Chorna inÿe ftsenguëj biaboye y chë wabowán bainguentšán šnëtabókna. Waftseng sklerëšañ tejanontšé jisetsjwán. Tsëntsañokna kojontšé jatëshenÿnán. Sklerëšá jwatsbóyna nÿetšá botamán lwar bejisebínÿna. Chká tsëtsobwawátja orna mëlwar tiabaysesháchna bídak".

15. Chentšán nÿe shachbúyek inaparlay ntšamo inÿe lwar bomínÿek yejëbtsejájwan. "Tejëbtsabwatmanoy serto kastigo kwanetsémna. Enperno kanabaynaká šmënjauyán, yap wabowanká. Šešong kbochjebtsabashejwanëngná ndoñ matenobwenëngán, ndoñ moká matenborlanán, ndoñ chë wabowan yeñeshoy ndotsatšam".

16. También se refirió al lugar de maravillas de esta forma: "En la vía ascendente de la misma escalera hay espinas y culebras. Los reptiles obstaculizan el paso de los transeúntes con amenazas de mordeduras. Pero el hombre o la mujer que no haya cometido una culpa grave en este mundo pasa sin tropiezos por la vía espeluznante hasta llegar al punto admirable y asombroso".

17. En realidad, a los tres años falleció el narrador. Su alma, con la gracia de Dios, partió a la mansión de los bienaventurados, o sea al lugar de suprema felicidad eterna. ✦

16. Botamán binÿnoyamnak mëntšá yejëbtsekwénta: "Kach sklerešá benachëjan jatsjwamna kwámna ochmashëngá y mëtškwaínga kojén. Chëngna jtsoprontayán jtsaftatsetšam chnëjwanëngbioy. Pero, mëlwar ndoká tkonjëbtsenobweyesná nÿe tšabá jachnungwan wabowan oyenanëján asta nÿetšá botamán binÿnoy empasam jetsashjangwam".

17. Serto chë kwentayaná unga wat té yejtsojenáche, pero Diosbe bendisiónaknà, chabe alma yejtsatón tšábe wachwan lwaróy. ✦

CUENTO DEL DIABLO

En las danzas carnavalescas, de pronto la gente se daba cuenta de la presencia de un joven extraño de tez morena y ojos rojos que a veces bailaba con los pies en forma de patas de caballo o de pavo.

Esa deformidad en principio causaba terror a los participantes del carnaval, presumiendo que el joven disfrazado no era humano, sino un espíriru maligno. Por consiguiente le decían de una vez en su presencia: "Tú eres el mismo diablo". Al verse descubierto, el disfrazado desaparecía al instante.

Según algunas versiones, la razón de la presencia del diablo en los bailes o reuniones sociales siempre se encaminaba a inducir a la comunidad a hacer algo generalmente reprochable, como el suicidio por ahorcadura.

Además operaba con habilidad y malicia en la venta de animales para conseguir un determinado fin.

Ante esa acción indigna realizada por Satanás bajo figura humana, el grupo étnico buscó un medio de ahuyentarlo amenazándolo con echarle agua hirviente en otra aparición.

El diablo

1. En tiempos remotos el diablo solía aparecerse en forma de un joven negro. En cierta ocasión le preguntaron: "¿Cómo te llamas?".

2. Él les respondió: "Yo me llamo Pedro Ordimales".

3. Volvieron a preguntarle: "¿Y tú eres gracioso?". Les contestó: "Sí, os lo demostraré. Vosotros os preocupáis mucho por la demora en el cocimiento de la comida. Yo soy el perito para solucionar ese problema".

4. En un lugar prominente del suelo colocó una olla de barro que contenía fríjoles, col y arroz de maíz machacado en madera. Como en ese tiempo aún no había sal en la comunidad, lo preparado para su cocción estaba sin condimento.

5. Entonces el joven negruzco ató un látigo a una vara, con el cual azotaba la olla pronuciando estas palabras: "Hierva olla, hierva olla".

6. En verdad lo dispuesto en la vasija de barro comenzó a hervir como si le hubieran prendido fuego. Tan pronto mermaba la ebullición, el joven daba vueltas en torno de la olla golpeándola con el látigo para que el agua estuviera en permanente hervor.

7. Luego, el joven negro dirigiéndose a los espectadores les dijo: "Os entrego este látigo a fin de que hagáis lo mismo para hervir el agua, pues el fuego es innecesario". Habiéndoles insinuado esto se fue.

Diablebe parlo

1. Diablëna anteo yejanbokán bobonts ftsenguëjká. Kanÿna chabioy mojatjáy: "¿Ntšamësa kabayna?".

2. Chana yejójwa: "Atšna tswabayna Pigro Ordemalo".

3. Mojatstjay: "¿Y ordemalo komën?". Yejatjwá. "Aíñe. Saká këbtjënÿanÿie. Tšengafta šmodpadesen ntsekwán jwabwešnenán sanatem jwábwamas, atš mëntšá maytrë sëndëmën".

4. Batsjabéntše matbëbeñe yejwašníe tsëmbe beshak. Chéntše mats aresmesh, niñëšëñ ntsëtjenmesh yejenajwabá. Chë tempna tonday tamó yendbínÿnaná nÿe ftenká yejtsašnén.

5. Chorna chë bobonts ftsenguëjna niñufjëñe pererëja yejobwatsbwaís, matbëbiá yejtsasachënjnáye jtsayebwambnaíse: "Erbe olla, erbé olla".

6. Serto matbëbiá mo bañeñeka yenjontšá jwabwawán. Batsá tojatabosan y jtëtontšán wachabwashkwanán matbëbiá wasachënjnay chaotsabwawañam.

7. Chorna chéntša obwawatj yentsangbioy yejáuyan: "Kem pererëj kbwetsantregá kachká šmochtseobray, iñ ndoñ opresed kenatsmën". Chká yejëbtsabwayenás yejatóñ.

8. El joven fue a salir a otro lugar con un caballo del cabestro. Allá se lo ofreció a una persona: "Cómpreme este caballo, él suele defecar dinero, pues yo mantengo esa clase de équidos".

9. Como el habitante de esa región anhelaba conseguir dinero, dijo: "Bueno, lo compraré, ¿pero ese caballo defeca plata todos los días?".

10. El dueño del animal le contestó: "Cada día. Si quiere cerciorarse, traiga una artesa, pues ya se acerca el momento de expeler las materias fecales. En primer lugar caerán las hierbas, luego puro dinero".

11. Entonces el dueño del caballo comenzó a hacerle masajes en el pecho, después en el vientre hasta las partes pudendas. La bestia no demoró en hacer fuerza para defecar.

12. Luego el vendedor mandó al comprador de la bestia a obedecer la siguiente orden: "Reciba el estiércol en una artesa".

13. Por cierto cayó primero la hierba. Al llegar a la mitad de la artesa, ordenó al comprador que recibiera el estiércol en otra artesa. En ella ya cayó pura plata.

14. En aquel momento el joven negro le dijo al interesado en el cuadrúpedo: "Esa clase de animal estoy ofreciendo para la venta, cómprelo".

15. El comprador le preguntó al dueño: "¿Cuál es el precio?".

16. Le contestó: "Cincuenta pesos".

17. En ese tiempo como el dinero era tan escaso, el interesado tuvo que pedir plata en préstamo para completar los cincuenta pesos. Así pudo comprarlo.

8. Chë bobontsna inÿe lwar yejtabókna koway watëntšná. Chokna inÿe yentšabioy bojawabwambaná: "Kem koway šmatontšabwamén, chana ral tjamianá komna, chká klas koway tsbojakén".

9. Chéntša yentšá ral oná inámnaná yejayán: "Bweno, chtobwamén; pero ¿chkoway kada té chká nantsetjamián?".

10. Chkoway dweñna bojojwá: "Kadá té. Saká jinÿama meíbo bacheš, porke ya yentsobéko jatjamiám. Natsán yechanjatkëkjan shakwan y stonoyna ena ral".

11. Chorna chë koway dweñna bojóntša janutjwan pechësëñe, wabsbiáne asta batësonskón. Ndoñ bënénskosna chë kowayna yejtsofshëchëchnáy jatjamiám.

12. Chë bobonts ftsenguëjna bojamánda koway obwamnañábioy: "Bachesëñ kochtsajwén".

13. Sertë natsanná shakwan yejatkëkjan bachesöy. Tsëntsañ yejtsoye orna bojatsmánda inÿe bachesëñe jatojweyam. Chësëñna ena ral yejatkëkjan.

14. Chorna chë bobonts ftsenguëjna bojauyán koway wajabotabioy: "Chká koway sëntsatabwamba, matobwaméñ".

15. Wajabotaná bojatstjay: "¿Ntsachetšas ojtsamán?".

16. Bojojwá: "Ko shachën bnëtsanamsa".

17. Chë tempna ral eskasoná, animal wajabotaná yejwatjaíse yejakompletá shachën bnëtsan. As bojtobwaméñ.

18. Entonces el vendedor insinuó al comprador: "El caballo defeca todos los días, mitad hierba y la otra mitad puro dinero. Por lo cual proceda todos los días a obrar en la misma forma que me ha observado". Habiéndole engañado de esa manera se fue a otra parte.

19. El comprador confiaba en que el caballo defecara todos los días, tal como había visto en la demostración. Pero pasaron días y días sin que la bestia defecara un solo centavo, sino tan sólo yerba y más yerba.

20. El gracioso llegó a otro pueblo con una gallina negra. A la primera persona que encontró le dijo: "Cómpreme esta gallina sólo por veinte centavos. Pone dos huevos diarios: uno por la mañana y otro por la tarde. Los huevos son bien amarillos.

21. No retire los huevos que vaya poniendo en el nido durante ocho días. Luego los incuba y a los tres días saldrán los pollitos".

22. El que necesitaba la gallina la compró por veinte centavos. Ella aún no era ponedora, sino polla. De tal manera que todavía se demoró tres semanas para poner huevo. No puso de color amarillo, sino blanco.

23. Al incubar los huevos no reventaron a los tres días, sino a las tres semanas. Todos los pollos salieron negros. No comían arroz de maíz, sino solamente yerba. La clueca picoteaba las hojas de col que había frente a la casa para dar de comer a los pollos. Éstos no crecieron grandes, sino que se quedaron pequeños emplumecidos.

18. Chorna koway ená bojëbtsián obwamnañábioy: "Kada té chká yechantsetjamián. Tsëntsañna shákwan, ya inÿe tsëntsañna ena ral. Atš tejamká kada té kochtseobray kowayefták". Chká bojëbtsebwambaíse yejatóñ.

19. Chë koway obwámnañaná yejtsošbwachíy kada té chka yechtsetjamián ntšmo bojenÿká. Ibsán, nÿetián chë kowayna nÿe ena shakwan inetsotjamiáñ, ralna ni medio.

20. Chë ordemalëjna inÿe pwebloka yejtashjángo ftseng twambáka. Primer yentšá bojinÿená bojauyán: "Kem twamba šmatontšabwaméñ nÿe kanta ralam. Utatabé washmëmá komna, kachësa y jetíñ, ena ftsëseijënga.

21. Chbená kachká kochjontšenÿáye; nÿets semán kejoshma ora kachbeñ kochjatombá y unga tianoy yechanjushetátše bolletënga".

22. Chë twamb onëjemna sertë bojobwaméñ kanta ralam. Kabá ndoñ oshmëmnayá yendmënas, sino obiangayá inetsómñe. Chentšán kabá unga semantés yejaseorá, ndoñ tsëseybé yenjoshmá, sino fshajansbé.

23. Bojátomba orna ndoñ unga tes yenjushetátše sino unga semantés ena ftsengatemënga. Mats arësmesh ndoñ montsesáyeš, nÿe ena shakwan. Chashjañ inawamën beshá, chë kulek jtsaftkoyán bolletëng jasasam. Chëngna ndoñ bëtsëtsanga monjobémas, sino nÿe basesenga yejoplumangá.

24. De repente el joven negro volvió a aparecerse en casa del comprador de la gallina a decirle. "Los veinte centavos no me sirvieron para nada, por consiguiente ahora repartámonos mitad por mitad los pollos. Como son dos docenas, una docena para mí y la otra que se quede aquí mismo para el cuidador, quien los cocinará sin sal".

25. Al tiempo, cuando el comprador mató algunos pollos los miraba solamente flacuchos, pues no eran carnudos. De su cocimiento tampoco se obtuvo caldo, pues el agua permanecía pura.

26. Por lo cual el comprador de la gallina se expresó con indignación. "Si el joven negro anda otra vez en este lugar ofreciendo aves para la venta, échenle agua hirviente de las gallinas en cocción para ahuyentarlo en definitiva".

27. Entonces el diablo, que "más sabe por viejo que por diablo", desde la parte baja de la sala escuchaba en secreto las amenazas del comprador. Por tanto protestó en voz alta su inconformidad: "Si mis pollos los están rechazando me los llevaré".

28. Ciertamente, al obscurecer, el resto de los pollos negros voló de ese lugar a regiones incógnitas desapareciendo para siempre. En adelante nunca más volvieron a ver al joven diablo. ✴

24. Ndeolpna chë bobonts ftsenguëja yejtaysebókna twamb obwamnañábioka y bojauyán: "Chë kanta ral ndoñ chejoserbés, morna chë bolletënga tsentsáñ šmatajatá. Uta dosen kwamojtsemnas, chiekna kanÿe dosenná atšbiáma, inÿe dosenná wamnabiam kamwéntše chaokedá jwabwam sin tamok".

25. Sertë baseftang yejtsashebwáye orna, nÿe ena bwashanëfjënga yejtsebwatsjésna, ndoñ wamëntšenënga mondmën. Mojatašníe orna ne mo kaldo ndoñ yenjobóknas, nÿe ena buyesh inetsatabwešnéñ.

26. Chamna chë twamb obwamnañá yejotjáyanás yejayán: "Kachín tojtcsán chë twamb plakofj wabwambayá orna, kach bollet wabwawán buyeshek tsebwешkján empasam jechamoyam".

27. Chorna chë diablëj ketsomñekaná inetswenañ iytëkan chafjók. Chokána yejachembumbúse yejayán: "Atšbe bolletënga šmontsantšaboténasná lempe chjisjákñe".

28. Sertë yejaibétata orna chë ftseng bolletofjënga mojtsajamnëfjënga mojisenguebufjón ndwenÿën lwaroy, y empasam mojtsenatjëmbañ. Chentšán chë bobonts diablëjna ndoñ más monjaténÿe. ✴

CUENTO DE LA AHORCADA

El hombre o la mujer para quitarse la vida por ahorcadura, ataba en primer lugar la punta de un cinturón, chumbe o lazo en la rama de un árbol; luego, con la otra punta enlazaba su cuello para echarse al vacío con el fin de quedar colgado.

Las causas que movían la idea suicida eran varias: desesperación del paciente por una enfermedad prolongada o incurable sin esperanzas de recuperar la salud. Estado de carencia de lo necesario para vivir; estar abrumado por los acreedores. Desengaños amorosos, infidelidades, borracheras o caprichos.

Lugares de la acción y efecto de ahorcarse

a) Sitio de la quebrada Matsey, en inga Sara-yako, que en castellano significa "quebrada de maíz". En este punto, cerca de la actual enfriadora Colpuracé, el cadáver del ahorcado fue incinerado.

b) Vereda Tamabioy, resguardo de La Planada, cerca de la casa de Pablo Jacanamejoy, en cuya área se encontró una osamenta humana en la apertura de la carretera nacional. Desde el retiro de los huesos, desaparecieron los fantasmas aterradores de la noche.

c) Sitio norte del puente del río San Pedro, donde había un árbol corpulento de aguacate.

d) Punto denominado Tsëntsoy o Matëshoy, "mediación" de la planada, al sur de la población de Sibundoy.

e) Área de posesión de Jesús Dejoy. En esa zona se ahorcó una mujer, que en lunas tiernas y menguantes aún espanta con gritos a los transeúntes.

Cementerios destinados a enterrar los cadáveres de los ahorcados

a) Tsëngawabioka: palabra arcaica kamëntßá que en castellano significa "colina". Este lugar se localiza en la parte norte de la quebrada Chijtjianëjay, en inga "Takanga-yaco". Significa: "Quebrada o río de piedra para hacer asperezas en el metate o piedra para moler maíz". Anteriormente la comunidad kamëntšá poseía tierras en ese lugar para cultivos de maíz y fríjol.

El riachuelo Takanga-yako pasa por la finca de Carlos Arango, jurisdicción del municipio de Colón, departamento del Putumayo.

b) Tsešanëngbe panteón: "cementerio de los ahorcados". Se ubica en la parte alta de la planta eléctrica de la Misión Redentorista, costado derecho de la quebrada hidráulica.

Del suicidio siempre se inculpaba al enemigo del ahorcado, quien por venganza solicitaba a un brujo para que él determinara ese maleficio.

La ahorcada

1. Un invitado llegó muy de mañana a una casa, en la cual amanecieron bebiendo con acompañamiento de flauta y tambor.

2. El invitado, habiendo tomado chicha en una vasija pequeña de calabazo, miró a los bailadores. Entonces percibió a uno de ellos que tenía los pies en forma de patas de pavo, dando vueltas en medio de los bailarines y que su cuerpo se manifestaba de vez en cuando como una sombra.

3. El invitado, después de haber libado otra totuma grande de chicha, volvió a mirar a los danzantes.

4. En ese instante vio al sujeto deforme que ya no tenía los pies en forma de patas de pavo, sino de mula. El vidente, sin pronunciar palabra, pensó para sí mismo. "Este sujeto no es una persona, sino una fiera (diablo) del otro mundo".

5. Después de la una de la tarde, en el fondo de la sala se disgustaron marido y mujer solamente por decirle el esposo a la esposa: "Tengo ganas de dormir, es mejor que vayamos a la casa para conciliar el sueño".

6. Como la mujer estaba ebria no entendió bien la llamada de atención del marido, por lo cual le respondió con palabras groseras.

7. El marido, que también estaba borracho, sintió disgusto por la acción grosera de la mujer, vengándose con una bofetada.

Tsešanabiam parlo

1. Mnatstenayentše tmoíñ kanÿe konbidaná yejashjango kabá kachësa. Chentšna mnetsomosékañ plautufja y šenjanabéka.

2. Chë konbidaná kanÿe kwashtemá bokoy yejofšeísna yejarepará lantsaingbioy. Chorna bojatabínÿna kanÿe lantsayá chumbká washekwá lantsaíngbe tsëntsaján bejtsëshkwán y chabe kwerpna nÿe bejtsosómbranay.

3. Chë konbidaná inÿe kwashajwá yejatofšíe orna kachíñ yejatsrepára lantsaingbioy.

4. Chorna chë part washekwá bojaténÿe mulaká bejatashekwá. Inÿená nÿe ndoká njayanká yejajwaboy: "Mwana ndoñ yentšá kwandmënas, baíj kwantsomëñ".

5. Mošenán chnungwán yejtsémna orna, chafjok katajemat bojentjayaná, nÿe boyá shembioy bojauyanam: "Atšna sëntsoknas, mejor kwatay sweñ jetsobwajwam".

6. Shemna ofšená inetsomñená, ndoñ bien yenjowén ndayam boyá betjsatsëtsnayam, ayekna podesk bojtsjwá.

7. Ombrëna kach ofšená inetsomñená yejotjayanás shembioy kanÿ bojtsantšetá.

8. Este hecho enfureció más a la mujer y la motivó a levantarse de su asiento para dar brincos e insultar al marido sin consideración.

9. Ante este espectáculo el marido dijo a la mujer: "Es mejor no hacerte caso; te llamé la atención para volvernos a la casa por causa de sobrevenirme el sueño, pero es mejor que me vaya solo".

10. Por cierto el marido se fue. Entonces la mujer se puso el manto atravesado diagonalmente en su cuerpo, bailando sola en medio de los otros danzantes. Estando ya cansada salió en silencio a la calle.

11. La casera, que observaba todas las actuaciones de la mujer, vio que ella emprendió carrera directamente hacia el monte.

12. Entonces informó a las personas que se encontraban en el interior de la casa, diciéndoles: "Dios mío, qué le sucederá, pues ella salió aburrida; por prevención, síganla para observarla y lleven este machete".

13. Los jóvenes, como no bebían mucho, estaban cuerdos. De inmediato siguieron las huellas de la mujer.

14. En los barrizales sólo encontraban pisadas que conducían directamente al monte.

15. La mujer ya había subido a un árbol inclinado, en cuya rama había atado una punta de su chumbe y con la otra extremidad se había enlazado el cuello.

16. Precisamente en el momento de arrojarse la mujer al vacío llegaron los jóvenes, quienes en el acto cortaron el chumbe con el machete.

8. Cham shemna más peor bojtsétna. Yejótsbanas yejtsontsënguënja y boyabioy bojtsoyengwángo ntšamo bunetsenÿañká.

9. Chká yejtsenwatjayámna, ombrëna shembioy bojauyán: "Mejor akaj ndoñ kbwatëtseyeunánas, sweñ šnotšetnam kbojtsebwayeyná jtam, mejor nÿe kanÿá škwabtsatóñ".

10. Serto chë ombrëna yejtsatón. Chorna chë kompañerná betiá yejtatersiás kanÿá yejóntšá lantsayán mnetsobwertañëngbe tsëntsaján. Bojwamëntša orna nÿe iytëka yejëbtsatatšén.

11. Kaserá lempe inareparán ntšamo chë shembása inobwachjajnayánaná, bojenÿe bëtachjaján yejochamán y derech tjoy yejawenatjëmba.

12. Chorna tsokënga yejabwayená: "Taytéko, ntšamo yechapasay, aburido tokjëbtsebóknas, kachkanak motsëston jenÿam. Kem tersiadëj metsáka".

13. Bobontsënga ndoñ yap mondëbtëmanënganá shëntsënga mnetsomñe. Kachora mojwashekwásto.

14. Ngwechiñna bënënok yejtsayenán shekwatš, nÿe derech tjoy yejtsawenatjëmbán.

15. Chë shemna betíy natsejbenéntse ya yejašëngo. Kanÿoyka bwakwashíñ tšombiach yejatsbwáye, as ínÿoyka sebiach yejenënaye bejëngwaj.

16. Ya fshantsoy jwatšenam bojtsemën ora, chë bobontsënga mojashjájna. Betsko chë tšombiach mojetsajatká tersiadëjáka.

17. La mujer cayó al pie del árbol, quedando inconsciente por el impacto.

18. Entonces los jóvenes corrieron a la casa para dar aviso de lo sucedido. Los notificados fueron en seguida al lugar de la tragedia para levantarla, trasladarla a la casa y hacerla acostar.

19. Como la mujer estaba trasnochada, borracha y golpeada, se quedó profundamente dormida en la cama.

20. Al día siguiente, al amanecer le preguntaron: "¿Qué soñaste? Pues algo malo iba a sucederte".

21. La mujer les contestó: "Dios mío, mi esposo tiene la culpa. Sentí pesar por haberme peleado con él, por lo cual resolví irme a la casa.

22. Desde el patio, alguien, parecido a un matachín, iba delante de mí. Éste, jalándome de las manos, me decía: Vayamos por aquí.

23. Muy pronto me subió a un árbol. Allá, habiendo atado una punta de mi chumbe en la rama del árbol, me enlazó el cuello con la otra punta. Luego me empujó al suelo.

24. Como se zafó la faja, caí al suelo. Después no recuerdo lo que me sucedió, pero el matachín tenía una facha horrible".

25. Entonces le informaron lo que hizo con el esposo; su actuación al quedarse sola y su desliz al salir de la casa con precipitación.

26. Ante esto, la mujer se expresó: "Dios mío, entonces el matachín que iba delante de mí era el mismo diablo, seguramente él estuvo embaucándome".

17. Chë shemna yejotchetsátše y tontiado yejtsatsjajón yejtsogólpia kausa.

18. Chorna chë bobontsëngna mojotjájo yebunoy jobwambayam ntšamo yejopásan. Tsokëngna kachor mojenakmíe jatatsbanam, tsoy jtambam y jetsejajwan.

19. Chë shemna tstená y golpeaná yejtsemnaná, empas yejomaná jutsnashéntše.

20. Ibsán yejabinÿën orna mojatjay: "Ntšamo sweñ tekmënjotšetás, ndoñ tšabá katajapasá".

21. Shemna yejojwá: "Taytéko, atšbe kompañero kulpa ktsebómnas, šnetsáya kausa šjëbtsosenté y tjëbtsejwabó jtsatoñam.

22. Chashjokán mëtëtšenká šontsebnatsán. Šontsasjás šontsatsá: "moján moján kwayeká.

23. Mo bën betieshiñ šonjaušëngo. Chokna kachatšbe tšombiach bwakwashíñ tonjenás, inÿoyka sebiachek šonjabejëngwenás fshantsoy šontsatsëntše.

24. Chorna chë tšombiach tojtsetabénaná fshantsok sënjotëchetšbotá. Ntšamo chentšán tejapasán ndoñ ketsatabowenÿná. pero chë mëtëtšén yap wabowanëja bomínyé tejabwajó".

25. Chorsa mojaparlang ntšamo yejóchjangwan boyaftak, ntšamo chë shem yejaobran kanÿá yejokéda ora, y ntšamo yejochjangwan yebunentšan yejëbsatatšen ora.

26. Chorna chë shemna yejayán: "Taytéko, asna mëtëtšen diablëja kwanmënas, chëjsa šwataíngñay".

27. Luego le mostraron la faja cortada. Sobre esto dijo ella: "Dios les pague con creces el favor que me han hecho de salvarme la vida, si no, estuviera muerta.

28. Tal como me están informando me pasó en realidad. En adelante no volveré a tomar en exceso".

29. Ese mismo día, como el esposo había vuelto al lugar de la fiesta, preguntó a la mujer: "¿Amaneciste aquí mismo?".

30. Ella le contestó: "Sí señor, por el sueño y la borrachera no pude volver a la casa".

31. Pero no comunicó al esposo su mal comportamiento.

32. Como aún había chicha en la vivienda, la casera les brindó a marido y mujer otra totuma de bebida y habiéndola tomado se retiraron.

33. Transcurridos tres días, le informaron al esposo todos los deslices cometidos por la esposa al quedarse sola en la casa de la fiesta.

34. Pero recalcaron principalmente en avisarle sobre la idea de la mujer de quitarse la vida. Si no le hubieran cortado el chumbe enlazado al cuello por ella misma, se hubiera suicidado.

35. Sobre esto el marido razonó: "¡Qué pesar! Al tomar en exceso se pierde el sentido. Por lo cual conviene retirarse antes de la borrachera, para no caer en escándalos o tener una tragedia fatal". ✳

27. Chentšán chabe tšombiach wajatkanëch mojtenÿinÿíe. Chorna yejayán: "Aslëpay tšabá chká šmënjalastemás, ndoñesná ko empás matsëtsémna.

28. Ntšamo šmontsekwéntaká deombre tejapasá. Mwentšán ndoñ yap stëtsalkatsán".

29. Boyana chté yejtisashjángo. Bojatjay shembioy. "¿Kamwentš tëkmojabobinÿén?".

30. Shem bojojwá: "Ajá, chká sëndëpása, oknayán y šojtsebúbwa kausna ndoñ chiyatobená jtán".

31. Pero ntšamo yejobwachjangwán ndoñ yenjobwambay boyabioy.

32. Kabá bokoy inetsafjajoñená kaserá kabá kanÿanÿájwa yejatshebúka. Chíy bojëbtsofšíes bojtsatóñ.

33. Ungatianoy boyabioy lempe mojakuénta, ntšamo shem yejochjangwán kanyá yejokéda tmoyentše ora.

34. Masna mojajabwachená jwenayan shembe jwabna jtsenoytanam. Ndoñe tersiadëjaka bëndëtsajatká chë yejenotamošenay tšombiachekasná, kach shem btsenoytaná.

35. Boyaná nÿe yejarasoná: "Diosiay, ko chkása yap jofšeyan nÿe tontiado jtsobemán. Ayekna kabá jwesbomná tkotsomñe ora, jenojwaboyán jtsatoñam, as ndoká japasán". ✳

CUENTO DE LA SOLTERA

Anteriormente los alguaciles del cabildo indígena de Sibundoy utilizaban faroles construidos con bejuco, flautilla o caña, y con tela de vejiga de pavo, oveja o cabrito. Era el compañero indispensable y oficial de todo el cabildo indígena para la visita al misionero y comisiones que generalmente se verificaban de noche o antes de clarear el día.

En cierta ocasión, en cumplimiento de una comisión nocturna de los alguaciles en la vecina vereda de "El Poroto", actual jurisdicción del municipio de San Francisco, al aproximarse a un riachuelo sintieron golpes en el agua. Esto motivó su curiosidad para cerciorarse de las causas del ruido insólito que ocurría en luna llena.

Los funcionarios, al acercarse al lugar del ruido, vieron a una joven soltera bañándose en paños menores. Desde ese momento, la quebrada usada por la joven para el baño, la llamaron "Solterayaco", afluente del río Putumayo.

En cuanto al baño de los niños o niñas en las quebradas o ríos cercanos a la casa antes de empezar a clarear el día, especialmente en los plenilunios, era con el fin de que tuvieran buena suerte o fueran muy trabajadores. Para el logro de esos objetivos, no solamente eran necesarios los baños de madrugada en luna llena, sino que también era indispensable la intervención de un médico tradicional. Éste, previa solicitud del padre de familia, hacía en primer lugar los sahumerios a cada niño para quitarle el mal viento. En seguida le suministraba el brebaje medicinal para que fuera fuerte en las contiendas y obrara con prontitud en todas las operaciones o tareas propias de la comunidad, deseándole augurios muy felices para la buena suerte.

Desde tiempos inmemoriales existe un solo cabildo en la comunidad kamëntšá, con sede en la población de Sibundoy. Una minoría del grupo étnico kamëntšá, ubicada en el municipio de San Francisco, trató de constituir otro cabildo en esa jurisdicción. La mayoría de la comunidad se opuso a esa pretensión mal fundada, que fue corroborada por el doctor Martín von Hildebrand, jefe de la División de Asuntos Indígenas del Ministerio de Gobierno, mediante el oficio 336 del 23 de febrero de 1989, dirigido al Sr. Hipólito Chindoy, gobernador del cabildo indígena kamëntšá de Sibundoy, en el cual consideraba lo siguiente:

Siendo la comunidad indígena kamëntšá una sola etnia regida históricamente y de conformidad con sus usos y costumbres por un solo cabildo con sede en el municipio de Sibundoy, no es legal ni procedente la constitución de otro cabildo paralelo al tradicional por ser contrario a lo establecido en las leyes 89 de 1890 y 31 de 1967, que ordenan la protección de los valores culturales y normas de control social propios de las comunidades indígenas. Tampoco puede fundamentarse la división de la comunidad en el artículo 24 del decreto 74 de 1898, por cuanto tal norma hace referencia a que sean varias parcialidades y, en el caso que nos ocupa, la comunidad kamëntšá es una sola.

Desde luego, es improcedente o ilegal la constitución de un nuevo cabildo en el municipio de San Francisco.

La soltera

1. Desde tiempos remotos existe un solo cabildo en nuestro pueblo.

2. En una ocasión, el gobernador ordenó a los alguaciles cumplir una misión en la vereda de El Poroto (purutu, en inga: "fríjol, poroto", planta leguminosa).

3. Los alguaciles, en un plenilunio, antes de amanecer, se pusieron en camino hacia El Poroto. En ese sector, al pasar por el lado de una quebrada afluente del río Putumayo, sintieron como golpes en el agua, como si alguien sacara agua del río o se echara agua en el cuerpo.

4. Como era en luna llena, la noche se mostraba con claridad. Esto dio ocasión a los alguaciles para acercarse poco a poco al lugar del ruido.

5. Allá vieron a una joven soltera, bañándose en paños menores. Mientras se echaba agua entre las piernas repetía estas palabras: "Sea recompesada con un cerdo, sea recompensada con un cerdo".

6. Un alguacil, ocultándose le tiró un terrón a la muchacha que tomaba el baño; luego siguió a los compañeros en la vía.

7. Recorrido un buen trecho de la quebrada, los alguaciles se rieron de la actuación de la bañista y de sus expresiones para tener buena suerte.

Solterabe parlo

1. Desde tempskán bëngbe tabanéntše kanÿe wáman Cabildo ineysómñe.

2. Kanÿna mandad yejaordená jostisiang komisión jokumpliam Tsëmbeyoy.

3. Jostisiangna catšbet té kabá ibet mojanga Tsëmbeyoy. Choykna mojtsachnujwán inÿe bejay Ftmayjayoy nenobwachjajwán eskinentš orna, mojaséntia mo buyeshoy btsoshub-botnaká, btsebwatsjwaká o btsenobweškjnaká.

4. Fjabinÿën inetsomñená jostisiang wenán wenán mojobekoná yejtsashubwenanoy.

5. Chokna mojénÿe kanÿe solterá tobiaš inobebiáy. Yejtsenomëntjbweškjnaíse yejtsechámo: "Kocheš wakanay, kocheš wakanay".

6. KanÿE jostisiëna nÿe iytëka fshantsbéka bojisatëchënja, as yejatëseto enutënga.

7. Bënoka mojtsajna orna mojenebiajwá chë tobiaš ntšamo mojëbtsenÿam y ntšamo yejtsechamwán tšábe swerte jtsebomnam.

8. En adelante, la quebrada que usaba la joven para el baño, la denominaron "Solterayaco" (soltera: soltera; yaco o yacu, en inga: "agua, líquido o río"), afluente del río Putumayo.

9. Según referencias, en la esquina de la confluencia de la quebrada Solterayaco y el río Putumayo vivía una familia kamëntšá de apellido Miticanoy. Por ese lugar existía el camino hacia El Poroto. ✶

8. Chentšán chë tobiaš inobebiay bejay mojwabay "Solterayako".

9. Enobwachjajwán bejay ftmayjayoy eskinentš mojanién Mitikanoyang apellid bomnënga. Chján yejanbenach shekwatš benach Tsëmbeyoy jam. ✶

CUENTO DE LA GALLINA

El nombre metafórico de la gallina es shjatsán, que en castellano significa "ente que permanece de pie en el patio o frente a la casa".

En cierta ocasión entró la gallina a la sala de la casa para saciar el hambre con maíz. En ese momento escuchó a los amos que tomaban la decisión de matar primero al cerdo y después a la res para hacer la minga.

La gallina, que se pasaba de lista, no se reservó el secreto sino que corrió a informar de la fatal noticia al cerdo y a la res.

El mamífero doméstico que pensaba solamente en masticar y tragar comida para sobrevivir, se estremeció ante esa horrible noticia. Sin embargo, puso en práctica los consejos de la gallina de cercenar el lazo que lo aprisionaba para evitar su degollación y huir al monte.

La res, tan pronto supo que los amos habían acordado quitarle la vida, huyó al bosque.

Al tiempo, cuando los dueños fueron a buscar a los dos animales no los encontraron en sus sitios respectivos. Pronto cayeron en la cuenta de quien había sido la divulgadora de la noticia del degüello.

La gallina volvió a entrar tranquilamente en la sala a satisfacer su hambruna. En ese momento los dueños la cogieron para sacrificarla en vez de los dos animales desaparecidos. Ella misma se buscó la muerte prematura por no reservarse el secreto.

La gallina

1. Antiguamente la gallina, el cerdo y la res eran hablantes sin metamorfosearse.

Twambëbe parlo

1. Antéona twamba, kotš, wakná biyanga mnámna.

2. En una ocasión, cuando comía maíz en la sala, la gallina escuchó a los dueños que convinieron en degollar primero al cerdo para una minga y luego matar a la res para el mismo fin.

3. La gallina, siendo más inteligente, corrió en seguida a dar aviso al cerdo para decirle: "Te van a degollar, por tanto es bueno que cortes de inmediato con tus muelas el lazo de amarre y huyas, pues aún no ha llegado la hora de tu muerte."

4. El mamífero doméstico, aun cuando en apariencia es poco inteligente, al escuchar la horrible amenaza se sobresaltó. De inmediato cercenó el lazo para evitar su muerte y huyó al monte.

5. Luego, la gallina fue a informar a la res de la determinación de los dueños de matarla para otra minga.

6. El semoviente tampoco se hizo el tonto, en el acto de recibir la horrenda noticia, también huyó al monte.

7. Los dueños del cerdo y de la res, al no encontrarlos en sus lugares respectivos para matarlos cayeron en la cuenta de que la gallina era la divulgadora del degüello y de los consejos para la huida apresurada. Esta acción motivó su sacrificio en vez de los desaparecidos.

8. El semoviente permaneció durante largos años en el bosque hasta que le salió en la frente una párasita. Murió de vejez en el monte.

9. De ahí que la comunidad se refiera a los mayores que pasan de noventa años, por ancianidad: "pronto les aparecerá en la frente una parásita". ✶

2. Twamba tsoy mashjwaná ketsomñekaná, mats yejtsomanteñéna orna, yejëbtswena dweñanga mojenoyeunay kotš jshetseshbwán jamengáyam. Chentšán wakná jatspochokán kach jajañ jatstrabajam.

3. Twambna más jwesbomná kamnaká kachora yejochumo kotš jwenayam. Bojauyán: "Kmonchantseshbwás, tšabá yomna jisenajabatëntsëse jëtschañán".

4. Chë kotšna maske obëjemká inetsomñes, pero chká rasónak yejtsojwenskaná. Kachora yejisenajabatëntsëse yejtscháñe tjoy.

5. Chentšán wakná bojtawenáy ntšamo chë dweñanga mojtsebodestinán kach jashbwam inÿe mengayam.

6. Chanak ndoñ obëjemas kachor tjoy yejtscháñ.

7. Dweñang ndoñ yenjánÿen jobayam orna, mojamalésia nda chká yejochjangwá jtsabwayenam kotš y wakná betsko jëtschañam tjoy. Chkáusna kach shjatsán mojtseytaná achetanëngbe kwenta.

8. Waknajemna baté bida inabtsebómna asta jwendía bojanajwensboknuftayté. Nde bëtsëjem yejtsojenáche tjóka.

9. Chentšán chká yentšang jtsechamwán chë mayorang tmojachentšе eskonufta bnëtsan watentšán, ya "jwendía bochanjwajwensbókna". ✶

CUENTO DEL PAVO

El pavo, ave gallinácea de América, anteriormente se metamorfoseaba en un hombre de carácter jovial, trabajador y músico para ganarse la vida.

La identidad del joven cuidadoso y activo en las faenas del campo se descubre cuando el patrón se da cuenta de que él no es realmente un hombre joven, sino un pavo dañino de la semilla de maíz depositada en la tierra para que germine.

Este hecho no sólo le atrae el rechazo total de la comunidad, sino también la maldición de que en ningún momento vuelva a transformarse en un joven atrayente, para que siempre permanezca en su forma original de pavo.

El pavo

1. En cierta ocasión, en llegando un joven elegante a una vivienda, en primer lugar dio una vuelta por el patio. Luego respiró fuertemente.

2. La impetuosa inspiración y expiración de aire del joven produjo un ruido semejante al sonido de un tambor.

3. Entonces el joven visitante se dio a conocer con esta expresión: "Yo vengo con música, ¿me invitáis?".

4. El casero salió de la habitación para cerciorarse de la vestimenta, gracia y distinción del joven. Luego le dijo: "Eres un joven elegante y bien vestido".

5. El visitante le contestó: "Sí señor, me visto con elegancia, por hábito".

6. El dueño de la casa le pidió que diera otra vuelta por el patio con acompañamiento de música.

7. El joven, habiendo cumplido la petición del casero, le informó de su pasatiempo manifestándole: "Así suelo divertirme. ¿Me invitáis aquí para estar haciendo música?".

8. El dueño de la casa le hizo una pregunta al joven: "¿Sabes trabajar?".

Chumbëbe parlo

1. Kanÿna kanÿe alegrë bobontse yejashjángo oyenéntš orna, chashjáka yejshobwertanës jabwach yejasháchna.

2. Chabe jabwach shachna yejwenán šenjanabeká.

3. Chorna chë bobonts bwachaná yejoyebwambay: "Atšna mosekak tsabó, ¿tašmatjofjë?".

4. Kaserna yejabókna jenÿam bobontsbioy, ntšamo bepormanán, ntšamo mand bebomnán, as bojauyán: "Tšá alegrë bobonts y botamán pormaná iykomën".

5. Chë bwachaná bojojwá: "Ko chkása atšna šnobiashjáche jtopormán".

6. Kaserna bojatián: "Asna matëshjabwertán mosekák".

7. Chë bobonts yejatokúmplia ntšamo kasero bojaempadaká orna bojauyán: "Atšna chká tswamán joboyejwán. ¿Tašmatjófja mwentše?".

8. Yébun dwcñna bojatstjay bobontsbioy: "¿Kekamánsa jatrabajan?".

9. El joven le contestó: "Sí, suelo trabajar raspando y mordiendo y me mantengo con maíz crudo".

10. El casero volvió a preguntarle: "¿Así que te gusta alimentarte con maíz sin cocer?".

11. "Sí señor, así me alimento, por lo cual para el trabajo debes suministrarme el maíz necesario para mi manutención y subsistencia".

12. El patrón, estando de acuerdo con la propuesta, le dijo: "Te proveeré maíz crudo. Entonces de tiempo en tiempo a trabajar y hacer música. Pero ten paciencia conmigo".

13. El joven, alegrándose por la concesión de la provisión, le respondió: "Desde que mi buche esté lleno para el trabajo, estaré conforme, pues yo soy muy tragón".

14. El joven presumido no era trabajador de verdad, sino un perezoso. Su actividad consistía en raspar la superficie de la tierra en los sitios donde había semillas de maíz para extraerlas y comérselas.

15. Una vez, cuando el joven regresó del campo, informó en casa: "Yo ya trabajé. Vengo muy cansado. Los dedos de mis pies están completamente embarrados demostrando las faenas campestres".

16. El dueño del predio, cuando fue a inspeccionar el campo sembrado de maíz lo encontró totalmente raspado sin un solo grano.

9. Bojojwá: "Aíñ. Atš ndayá bajtonán y washantsanán tswamán jatrabaján. Pero atš jomatéñamna ndayá kaka matsék".

10. Kaserna bojatstjay: "¿Y kaka mëts kosas?".

11. Bobontsná bojojwá: "Chkás atšajem chandbetsenokwedán. Chiekna atšbe trabajwamna nÿe kaka mats kardádo škochanjabém".

12. Patrón bojašbwachenasná bojauyán: "Asna kakamëts kbochjwabwájwa. Ratna jamosecam, inÿe ratna jatrabajam kochtsentsén".

13. Bobonts yejoyejwasná bojojwá: "Atšbe ochetemáñe chawabtsajútjen jatrabajam, ko nÿe rasón yetsomñe. átsna ndayá wabá tsmën".

14. Chë wachwan bobontsna ndoñ trabajayá yendmënas, schbomá inetsómñe. Chabe trabajo inámna nÿe mats wajatsëkaíñ.

15. Kanÿna trabajayokán yejtashjango orna yejobwambay: "Atšna ya tejatrabajá, Bien wamëntsená sëntsémna. Saká mojínÿe atšbe jentšafjënga lempe nguechenufjënga yentsémna".

16. Kasero yejá jantšabonÿam washëntsníñ orna, ena bajtoníñ betsatómñe, nÿe mo kanÿe matsna bendwajámna.

17. Por lo cual al volver a la casa por la tarde le dijo al joven: "Aquí te mantengo con buena alimentación, sin embargo te has dedicado solamente a raspar la tierra para sacar las semillas de maíz.

18. Yo no necesito esa clase de obreros que causen daños a los sembrados. Vete de aquí. El pavo tiene esa costumbre de raspar los sitios sembrados de maíz para extraerlo y tragárselo".

19. El joven le contestó: "Me dijiste que yo soy semejante a un pavo, por tanto es mejor que me vaya a otra parte". En ruborizándose salió de la casa.

20. La noticia del mal procedimiento del joven denominado pavo, se extendió rápidamente en toda la comunidad.

21. En vista de lo cual la gente convino en negarle totalmente su ofrecimiento para hacer labores de siembra de maíz, ya que él no era un joven de verdad, sino un pavo. ✶

17. Jetiñoy yejtashjango yebunoka orna bobontsbioy bojauyán: "Mwentšna tšabe sanak kbondwabowámna y akna nÿe washëntsníñ etsajatsakaníñ kotsontšeñ.

18. Atšna chka peón, chka bobonts ndoñ kešnatajabóto. Clarë matóñ. Chumbo chká kmawamán wajatsëkayán".

19. Chë bobontsna bojojwá: "Chumbwan šktsián. ásna mejor škwatóñ". Jobiá korente bojtsatbwanguës yejisebókna watjéntse.

20. Chë bobonts, chumboká wabayná mal yejëbtschjangwamná mobén chë palabra yejwakkëshe nÿets lwar.

21. Chiekna yentšang mojenoyeunay jëtsbiatšëmbwan tojtsenabwambá jwashëntsam ora, porke ndoñ bobonts yentšá yendmënas, sino chumbo inetsómñe. ✶

CUENTO DE LA GORRIONA

En kamëntšá se llama al gorrión "jaja shloftše", que en castellano significa "pájaro de sementera". El ave es pequeña, de pico fuerte, cónico, plumaje pardo, con manchas negras y blanquecino en el vientre. Construye nidos en los frijolares de las sementeras.

Cuando las plantas de maíz salen a la superficie de la tierra, los gorriones suelen picotearlas o raspar con las patas en los sitios sembrados para sacar las semillas en germinación y comérselas.

Anteriormente, la comunidad para evitar los daños de los pájaros colocaban en el campo sembrado trapos de bayeta o de tela roja atados a una estaca de madera, de un metro de largo. Esto con el fin de que los gorriones al ver los trapos ondeantes por los vientos, se imaginaran que los dueños de las sementeras estaban vigilando cautelosamente para flecharlos. Por lo cual no se acercaban a buscar su alimentación en las tierras sembradas.

Pero dichos pájaros no estaban y aún no están exentos de la cacería del gato, mamífero carnívoro que aun cuando en la domesticidad es, de hecho, omnívoro, sin embargo no deja de cazar a los gorriones, especialmente en los sembradíos.

La práctica ancestral para el día destinado a la siembra del maíz amarillo, negro o blanco, no permitía tostar maíz, tampoco dar de comer a las gallinas ni a los curíes o cuyes a fin de que brote toda la semilla seleccionada sin ningún perjuicio de los gorriones y que a su tiempo produzca buenas mazorcas.

La gorriona

1. Una gorriona, transformada en una jovencita sonriente, llegó a la casa de una familia en la cual había un hijo. Interesada en él para contraer matrimonio y con muestras de afecto a su señora madre se ofreció voluntariamente a sembrar maíz.

2. La futura suegra, considerando la amabilidad de la joven le manifestó: "Gracias por tu gentil oferta de ayuda, en verdad necesito una colaboradora para la siembra de maíz en el lote que los peones rastrojaron. La semilla de maíz está germinando, por lo cual me urge sembrarlo".

3. La joven, acogiendo con entusiasmo el trabajo de la señora, le dijo: "Si estás muy preocupada por la siembra, yo lo haré, si la tía también va a colaborar terminaremos pronto la tarea".

4. La futura suegra le contestó: "Entonces en seguida te prestaré el chaquín (vara de punta aguda de 1,45 m de largo para la siembra del maíz)".

5. La jovencita replicó: "Yo no necesito chaquín, yo suelo sembrar maíz raspando la superficie de la tierra con las uñas de los dedos del pie".

Jaja shloftšbe parlo

1. Jaja shloftšna base tobiašajatemká yejashjángo kanÿe wakiñá bomnóka. Yejtsobchanaíse yejenabwambaná jwashëntsam y wakiñanak bojtsantsaboš jobowamayám.

2. Wamben mamá jaboknaná bojojwá: "Aslëpay, aíñ šondwajabóto, peón šjabolempiáñe btsenëngmëmná jetsoboseorám grano. Matsetemna ya ktsabsminÿán y chtemna betsko jetseseorám opresido šojtsámna".

3. Chë tobiašajatemna yejobojínÿenas bojašbwachená jwashëntsam. "Chka kojtsongmëmnás atš kbochjisabowashëntse y batá mamá tkojabokna jwajabwachamasna laora bochjáma".

4. Wamben mamá jaboknaná bojojwá: "Asna kamora jenanufja kbochjwantšáme".

5. Tobiašna yejtsiáñ: "Atšna jenanufja ndoñ kešnatajabóto".

6. La tía le preguntó: "¿Así puedes?". La joven le contestó: "Sí señora, así puedo".

7. De acuerdo con su afirmación, la joven fue en seguida a raspar el campo destinado para la siembra de maíz. Depositó los granos del maíz en pocas cavidades del suelo y se ausentó.

8. De pronto la dueña de la sementera, dándose cuenta de la desaparición de la joven, pensó para sí: "La sembradora, ¿por qué habrá desaparecido?, ¿a dónde se habrá ido?".

9. La jovencita volvió a casa de la tía a los ochos días para decirle: "Vengo a mirar el campo sembrado".

10. La dueña del terreno le contestó: "Ve a mirar, pues lo poco que sembraste ya está brotando".

11. La joven, después de haber picoteado todas las plantas de maíz, fue a informar a la dueña del campo: "Reconocí todo mi sembrado".

12. Cuando la futura suegra fue a mirar la sementera, divisó que todas las plantas brotadas estaban picoteadas y algunos granos de maíz se encontraban fuera del lugar sembrado. Entonces ella dijo: "Esta jovencita no es una persona real, sino un animal gorrión".

13. La perjudicante, encontrándose en ese momento en la copa de un árbol en su forma original de ave, le contestó: "Me insultaste de animal gorrión, ya no creceré más de mi tamaño sino que siempre permaneceré en el mismo estado".

6. Chë bataná bojatstjay: "¿Chká koben?". Chë tobiašna bojatjwá: "Chkasa tsobén".

7. Kachor yejá washëntsayoy. Yejabajtóto guetsebiashek fshantsíñes yejtsekëkjnáye washëntsmëtse. Nÿe baseftáñe yejëbtsekjaíse yejatenatjëmbañ.

8. Chë jaja dweñna bojétše ora yejenojwaboy: "Ndayek tënjwenatjëmba chë washëntsayá, ¿ndmoy tojatóñ?".

9. Seman té yejaysashjángo batabióka orna bojauyán: "Atš washëntsmëtse tejabtseseorañ jareparam tsabá".

10. Fshants dweñna bojojwá: "Mabtsontješëisa, nÿe ntsachetšatem tkojabtseseorañ ya yentsekoshufján".

11. Chë tobiašajatémna yejtsakoshufjaníñ lemp yejetsabmuchtëtšetsëse yebnok yejabtsobwambay: "Atšbe washëntsníñe lempe tejabtstëmbá".

12. Wamben mamá jabokná yejá jontješeyam jajóye orna bojawabínÿna chë šëšetem yejtsobokanenáche lempe wabmuchtëtšetsníñe betsatómñe. Chorna chë dweñna yejayán: "Mwana ndoñ tobiaš yentšá kwandmënas, sino jaja shloftšë ñemalo kwanmëna".

13. Chë ondebiayá kach propië shloftšëká betioka inetsajútsñená bojojwá: "Jaja shloftš ñemalán škjoyengwángo, ko ndoñësa bëtsatsem kechatobémas, nÿe benchetem chanjisómñe".

14. Esta declaración del ave hizo caer en la cuenta a la comunidad que la jovencita se presentaba en forma aparente para hacer daños en los sembrados, no solamente ella, sino que también acudían todos los de su especie.

15. Por lo cual el núcleo social se vio obligado a conseguir un gato para la cacería de los dañinos gorriones. De esta forma se evitaron en adelante los picoteos de las plantas brotadas. ✶

14. Chë shloftše chká palabra yejenaboboknamná yentšangbe jwabnoka yejonyentsëshjángo jenianam. "Chana nÿe tobiašajatem obiamnayá kwanmëna, nÿe šëšetem jtsabmuchtkoyám parej enuntëngaftaka".

15. Chiekna yentšang mojenoyeunay kanÿe meseto jushjangwán chë jaja shloftšefjënga jtsashebwayam. Chentšán tojanojban wabmuchtkoyán. ✶

CUENTO DEL MOCHO

El mocho o mocha es una especie de loro de los países tropicales. La mencionada ave habita solamente en zonas templadas y es incapaz de articular algunos sonidos como las loras de clima caliente.

Esta ave prensora de vistoso plumaje, al transformarse en una mujer joven de baja estatura pretende conquistar la voluntad de un joven para contraer matrimonio. Por lo cual presta servicios de modo gratuito en casa de los futuros suegros.

Pero los familiares del joven la rechazan de plano por ser una mujer gruesa y baja, por sus movimientos anormales durante los quehaceres domésticos, por su carencia de saliva para diluir la masa de maíz en la boca, por su incapacidad de moler el maíz hasta convertirlo en harina y sobre todo por pertenecer a la raza de los mochos.

Por el característico sonido de voz inarticulada del mocho al posarse en un árbol o alzar el vuelo, se lo considera como el símbolo de la locuacidad, de persona muy habladora, charlatana, indiscreta, áspera de genio, glotona y perezosa.

Durante la época de cosecha de las mazorcas de maíz tierno, los mochos solían andar en bandadas de un lugar a otro para comerse los choclos. Para evitar esos daños, la comunidad construía en medio de la sementera una plataforma alta de madera, desde la cual el cuidador ahuyentaba a gritos a las aves perjudiciales. Últimamente han disminuído por el desmonte en la planada.

En otro tiempo, para la preparación de la chicha de maíz se masticaba una masa de los mismos granos hasta disolverla en la boca. Luego se la echaba en una totuma, agregándola después a una masa mayor. La masa diluida en la boca era una especie de levadura para producir la fermentación de la chicha.

La masticación se suspendió desde el incremento de la siembra de la caña de azúcar, de la cual se extrae el jugo en un trapiche para fabricar el guarapo o también para mezclarlo con la chicha de maíz.

El mocho

1. Una joven de pies cortos llegó a una casa a prestar sus servicios a un joven.

2. Sus padres, siendo altos de estatura, se dijeron: "Como ella tiene los pies cortos, ¿cómo podrá moverse de prisa para desempeñar sus oficios?".

3. Por ese defecto, la joven en sus idas y venidas mientras desempeñaba sus obligaciones, inclinaba su cuerpo alternativamente hacia la derecha y hacia la izquierda.

4. Su modo de hablar era rápido.

5. Cualquier día de la semana, los padres del joven le solicitaron a la joven el siguiente favor: "Al atardecer iremos a cosechar choclos para desgranar y mañana al clarear el día nos haces el favor de molerlos para hacer chicha".

6. La joven les contestó: "Con mucho gusto, si no menospreciáis la molienda, moleré con todo el afrecho, pero para masticar la masa de maíz no puedo,

7. porque yo soy de boca seca que no segrega saliva para humedecer la masa.

8. Pero si tu misma la masticas, moleré los granos de choclo hasta donde pueda, sin comprometerme a reducirlos a harina, porque mis fuerzas tampoco lo permiten".

9. La futura suegra le contestó: "Bien, muele como puedas".

10. La joven respondió: "Entonces el afrecho caerá a un lado y la masa para espesar la chicha caerá en otro lado. Si así les place, con el mayor gusto les colaboraré".

Tsenukbe parlo

1. Kanÿe tobiaš bekotem washekwá yejashjango kanÿe yébunentše bobontse jaserbiáma.

2. Bobontsbe bëtsëtsatná, bëtsëtsa yentšata bunetsomñená bojenián: "Chka bekotem washekwá ¿Ntšamo betsko nanschamána jtsoserbenám?".

3. Chtobiašna bekotem washekwá kausna katatoy yejtsobongongjnaíse yejtsoserbén.

4. Chabe palabrëna nÿa betsk betsko jtsoyebwambnayán.

5. Canÿe tena bëtsëtsat bojarwa tobiašbioy: "Skochisabwakákja; jetiñoy bochjabtsengwango tšematš jëbtsesmakam. Ya ibëna tojtsat chinÿan orna škochtsabwanántse".

6. Chtobiašna yejojwá: "Aíñe, tbontsabotánasná maske parejo aprechësheka chjanántse, jwatënguëntsam kok ndoñ ketsatobén.

7. Atšna ndayá yebwashanëjem tsatomñená, yebway ketsatsbómna. Aber ndayek nanjopréskwa chwatënguëntsayán.

8. Kach mamá tkojwatënguëntsesná, atšbe bárina nÿe chjanántse. Pero nÿe chjobenay nÿetšás, y nÿa jafjonamná kach ndoñe ketsatobén. Atšbe añem ndoñe chká jolkántsañe".

9. Wamben mamá jaboknaná bojojwá: "Bweno, nÿe ntšamnáksa škocheysebonántse".

10. Chtobiašna bojatjwá: "Asna aprechëshna barie yechantsetkekjána, y chë jantšmanámna barie yechantse-tkëkjána. Chká ndoñe ntsabotanánasná aíñe kbochjëbtsjabwáche jakakjáma".

11. Al día siguiente de hacer la chicha, los compañeros de la joven de servicio venían en tropel directamente al plantío de los choclos. Entonces los dueños se dijeron: "¡Ah! los mochos están pasando sobre los choclos para comérselos".

12. Al escuchar esta expresión, la joven manifestó: "¡Ah! no nos insultéis en esa forma, ellos son mis familiares que vienen a llevarme".

13. Los caseros le contestaron: "Entonces, ¿tú eres familiar de ellos, razón por la cual no tienes los pies largos?".

14. La joven se ratificó: "Ellos son mis parientes. Se llaman mochos. Pero, ya que me llamásteis «mocho enano» me iré en seguida con ellos".

15. Salió de la sala, y desde el patio, metamorfoseándose en una mocha, cubierta de un manto azul, voló detrás de ellos.

16. En días no lejanos la pequeña joven volvió a la casa del joven. Pero sus familiares la rechazaron totalmente por sus pies cortos; por no masticar la masa de maíz para el fermento de la chicha; por su defecto de inclinar el cuerpo hacia derecha e izquierda durante la marcha y sobre todo por pertenecer a la familia de los mochos, raza de pequeña estatura. ✶

11. Yejakákja ibsanná chtobiašbe enutënga mnenabáye nderech tšematšoy. Chorna chdueñangna mojenián: "¡Ao! chtsenukobenga montsatkëkjána tšematšoka jisaksasáma".

12. Chtobiaš chká yejowen orna yejayán: "Aa, ndoñ chká šmatiangwánas atšbe pamillanga mondabó jabesbetšáma".

13. Caserangná mojojwá: "¿Asë chëngbe pamillo komna?, rasonsë ndoñe bën šufjatema kondbómna".

14. Tobiašna yejatayán: "Chënga atšbe pamillanga mondmën. Tsenukobéngakas mondwabáyna. Y tsenukobeká šmonjauyanentšána mejor chanjatóñe y nÿa tejatóñe chengaftáka".

15. Tsokana yejisebokna y chashjokna tsenuko yejisobemës yejisonguéfjwa enutëngbe ustonoy wabchendujwa wabonjanaká.

16. Ndoñe batesna chbenche tobiašna yejtaysashjángo bobontsbióka. Pero chbobontsbe pamillangna del todo mojtsaboté bekotem washekwam, ndwatënguëntsayám y tsenukwangbe pamillo betsemnám. ✶

CUENTO DEL GAVILÁN

El gavilán se presenta en las casas de familia en forma de un hombre joven que solicita posada. En ella da a conocer su destreza en la cacería de aves pequeñas, base de su alimentación, y con las cuales también podría dar alimento a los dueños de casa en retribución por su alojamiento.

El cambio del gavilán en un hombre muy joven es un simulacro para alimentarse fácilmente de los polluelos domésticos que mantienen en cantidad en el lugar de su alojamiento.

La desaparición diaria de los polluelos despierta sospechas sobre la honradez del huésped. En vista de lo cual los avicultores convienen en inspeccionar el campo con el fin de encontrar algunas huellas de pillaje.

La identidad del joven muy pronto es descubierta, pues él en su partida de cacería, desde el patio de la vivienda vuela en su forma original de gavilán. Al atardecer vuelve muy campante a la casa en forma humana.

Aun cuando el gavilán demuestra una viveza extraordinaria, sin embargo por su reincidencia en el robo de los polluelos, cae, precisamente, en el acto de cometer el delito de rapiña que le causa la muerte violenta.

En la comunidad el gavilán es el símbolo del ladrón, por lo cual quien sueñe con el ave rapaz presagia que algún amante de lo ajeno está planeando hacerle un robo de aves domésticas o de otras pertenencias en su finca.

El gavilán

1. El gavilán era un joven perezoso. En cierta ocasión llegó a una casa a hospedarse, en la cual mantenían muchos pollos. Le dijo al casero: "Ojalá me invitaras aquí para acompañarlos; mi trabajo consiste en cazar pava de monte y gorrión, con los cuales me alimento, lo que también podría manteneros. Mi sustento diario es solamente carne de aves. Pero para otros trabajos soy inhábil".

2. El dueño de la casa preguntó al joven: "¿Y así tienes tiempo para perseguir a las aves?".

3. El gavilán le contestó: "Sí señor. Yo suelo esperar en un escondite. Cuando pasan por ese lugar, salgo intempestivamente para atraparlos. Si por casualidad cazo una mirla, un gorrión, una ave de ciénaga o un pollo de tórtola, ¿me recibiríais uno de ellos para traerlo?".

Gabilanbe parlo

1. Gabilán sëchbon bobontse inámna. Kanÿna yejashjángo posadam beká bolletëng wamnéntše. Kaserbioy bojauyán: "Atš mwentše šmëntjófja; atšbe trabajo komna jtsashebwayán kokwán, shloftše, chëngafták këbtëjtsëmna. Atšbe mantensionná komna nÿe shloftšëngbe mëntšéna. Pero inÿe soy atš jatrabajamna ndoñ ketsatobén".

2. Chkaserna bojatjay bobontsbioy: "¿Chká lwarë knetsebómna shloftšënga jtsëkamenam?".

3. Gavilán bojojwá: "Aíñ. Atš sëndwamán jobatman iytëmenoy. Chëján tmojtsachnujwanënga ora sëndwatatšen joñaboyam. ¿Y tašmatjaíngaka jeiban derado tsjáshbwa ora chewako, jaja shloftše, tsjatšeta, tortolet šešon?".

4. El casero manifestó: "Lo recibo con tal de que sea comestible".

5. El joven gavilán volvió a decir al casero: "En esa forma os mantendría, pero yo necesito una mujer que me acompañe, precisamente tu hija, a quien deseo".

6. El granuja solamente llevó aves cazadas durante dos días. Al tercer día llegó sólo con dos gorriones, diciéndole a la joven pretendida: "Uno lo guisas y lo comes. El otro me lo devuelves desemplumado y crudo".

7. El día que no podía cazar aves, robaba los pollos de la dueña de casa. Cada día desaparecían, uno, dos, o cinco pollos.

8. A la casera le sobrevino la idea de inspeccionar la sementera. Entonces encontró en un rincón del sembradío plumas de pollo, que yacían encima de un montón de yerbas.

9. De este hallazgo informó al marido, quien manifestó: "Es posible que el ave rapaz de los pollos sea el jovenzuelo, porque él sale de la casa como persona y desde fuera vuela como una ave para desaparecer en la incógnita".

10. Como los pollos no tenían ninguna seguridad, la gente principió a espiar al joven. Un día, cuando la clueca llevaba los pollos, raspando poco a poco el suelo hasta el rincón de la sementera, salió intempestivamente el gavilán en su forma original. Agarró un polluelo, lo desemplumó rápidamente encima de un montón de yerba y se lo comió.

4. Kaserna yejayán: "Aiñësa, sasná twabsemën".

5. Gabilán bonbonts bojatián kaserbioy: "Atšna chká kbwattsëmnas, pero atšna shembasá šondón jtsetjëmbambnayam, nÿa kbondwantšabošá".

6. Chkochenná nÿe uta tená sertká shloftsënga yejtsëshjajwán. Unga tianoyná yejtashjango nÿe uta shloftšéka. Shembasabioy bojauyán: "Mwata molempiá. Kanÿaná kochjáse, ya inÿaná kakatem boshtsná škochtoíe".

7. Ndoñ yentsoben shloftsënga jtsashebwayán tená, kaser mamábe bolletënga yejontšá jtsebjakán. Kada té mojontšá otšanán kanÿá, utat, asta shachnënga.

8. Kaseraná jwabna bojontšashjángo jareparayán jajenache. Chorna jofshóka bojawabínÿna bolletbe plumëtemá betsatakjáñe jmëtonëshéntše.

9. Chká yejenÿenámna boyabioy bojaparlá. Ombrëná yejayán: "Ndok chbobontsesh chaómna, porke chaná yentšaká jëbtseboknán y shjokán wanguefjosh jawenatjëmbán".

10. Ndoñ seor chbolletëng montsemën kausna mojóntša rondanán chbobontsesh. Kolekjema yejuyamba bolletënga jofshoye wasekwanjáye orna, chpropio gabilán yejwatatšen iytëmenoykán. Kanÿe bolleto bojotbay; betsko bënënok bojtseboshtsëse jmëtonëshentše bojtsosáñe.

11. La gente, como lo sorprendió en delito flagrante, convino en matarlo con flechas envenenadas.

12. El perjudicador volvió al atardecer tranquilamente a la casa como un joven humano. Al mirarlo, la gente notó que las uñas de los dedos del pie tenían la forma de ganchos.

13. El casero le dijo al joven: "Se nos están perdiendo cada día varios pollos".

14. El joven preguntó al casero "¿Por qué están perdiéndose tantos pollos?".

15. El casero le respondió: "Es posible que sea el gavilanzuelo, ave rapaz de nuestros pollos".

16. Entonces replicó el joven: "Me trataron de gavilán. Sois maliciosos. Es mejor que me marche a otro lugar".

17. Salió de la casa como persona hasta el patio y desde allá, convirtiéndose en un gavilán, voló, yendo a robarse otro pollo.

18. Por haber hecho aún ese daño, la gente fue a solicitar una cerbatana con flecha envenenada a un compadre para saetear al ladrón de los pollos. Se dijeron entre sí: "El objetivo de la flecha es que penetre en cualquier parte del cuerpo del hambriento de pollos".

19. En ese tiempo, aun cuando las viviendas de los habitantes eran alejadas, convinieron de común acuerdo en asechar al gavilán para flecharlo sin consideración.

11. Chká mojeshachechiyámna yentšanga mojenoyeunáye jtsejwesam chë gabilanëja waembenenán plechufjwáka.

12. Chë ondebiayá jetiñoy natjëmban yejtët-shjangwañ. Yentšangna shekwatšoy mojarepára orna, mojwantšenÿe ntšabwafjënguëñe guetsebiash bémna nÿa mo shengmanëshká.

13. Kaserna bojauyán bobontsbioy: "Bëngna kada té ba bolletënga bsëntsbwetšán".

14. Bobontsna bojatjay kaserbioy: "¿Ndayek mojtsotšán chubta bolletëng?".

15. Kaserna bojojwá: "Ndok gabilanëj chaómna bënghe bolletënga ashebwayá".

16. Chorna chbobontsna yejayán: "Gabilanëjan šmëntsiána. Tšengaftana malisiosënga kwasemmëna. Chká šmëntsianentšán atšna chjisolwaríñe, inÿoy chjatóñe".

17. Yentšaká yejisebokna chashjontskóñ y chokán yojisonguefjwá gabilanká. Chorna pronto inÿe bolleto bojtabtsoshbwañëse yojisolwaréñe.

18. Kabá chká yejaysobwáchjangwamná yentšangná mojawatjáye chëngbe Kompadre kanÿe jwesanëšá waenbenenán plechufjwáka chladronëja jtsejwesam. Mojenián: "Nÿe ndayentšna chabwaboshàche chbolletëng ambrentëja".

19. Chë tempna yentšangna, maske bënënoka mnetsieñesná, mojenoyeunay jtsebwanÿayán pronto jtsejwésam.

20. Un día, cuando el gavilán llegó a posarse en un árbol corpulento, lo saetearon desde el asecho. La flecha le atravesó el buche y el cogote. Cayó del árbol. El gavilán trató de volar para huir, pero no pudo por la flecha atravesada.

21. Entonces lo golpearon con un machete en la cabeza. El violento golpe le causó la muerte instantáneamente. En adelante, con la muerte del ave de rapiña, los pollos volvieron a crecer tranquilamente. ✶

20. Inÿe té chgabilán bëts betioka yejisashjángo ora, iytëmenoykán mojtsejwesá plechufjwaka. Nÿa ocheshéntše mojtsesháche y jwachentšoyka yejabtsabókna. Ijotsatše betieshokán. Yejaprobá jonguefjwan jtsacham. Ndoñ yenjobenay enachéntšen plechufjwá bojtsastorban káusa.

21. Chorna tersiadëjáka mojetsëtsjánja bestsaš y kachentše yejobán. Chgabilanëj mojtsobá chentšán bolletëngna mojóntša jtëtobochan natjëmban. ✶

CUENTO DEL GALLINAZO

El gallinazo, sin cambiar su apariencia de ave, era un médico que conocía una variedad de plantas medicinales que utilizaba con éxito.

En cierta ocasión, un dueño de cerdos en la ciénaga encontró un nido con cuatro huevos de gallinaza en una parásita adherida a un árbol de cedro.

La persona que encontró los huevos, los llevó a su casa para hervirlos. Luego, de tarde, fue a dejarlos en el mismo sitio del nido.

El gallinazo, dándose cuenta de la inactividad de los huevos empollados, mediante su sabiduría en la medicina natural, colocó ciertas hierbas prodigiosas alrededor de los huevos cocidos, que de inmediato hacía revivir para salir los pollos del cascarón.

Según versiones de la comunidad, el caldo de gallinazo es medicinal para la fiebre amarilla y también el pernil y la pechuga del ave, cocidos con hojas de verbena, quitan el mal olor de la carne.

Desde tiempos inmemoriales, los médicos tradicionales kamëntšá siembran y cuidan con esmero sus plantas curativas. Entre tantas plantas interesantes es necesario hacer un estudio científico de algunas familias vegetales, géneros y especies, así como también de sus propiedades medicinales.

El gallinazo

1. Un hombre de edad poseía cerdos en la ciénaga. En ese lugar, una gallinaza ponía huevos en una parásita adherida a un árbol de cedro.

Gallinasbe parlo

1. Kanÿe mayor jatshok kotšënga inabwajën. Chokna batëchmëšéñe inoshmëmnáye kanÿe gallinaso.

2. Cuando el dueño de los mamíferos domésticos bajó a la ciénaga vio volar al ave desde esa planta. Por curiosidad, subió al árbol hasta dicha parásita, en la cual encontró un nido con cuatro huevos. Habiéndolos sustraído, se los llevó a la casa para hervirlos.

3. De tarde volvió a la ciénaga con los cuatro huevos cocidos para colocarlos en el nido. Estando yacentes en el mismo lugar, llegó un gallinazo al árbol.

4. Él solamente los miró y se fue. No se demoró en volver con una yerba en el pico, dejándola caer sobre los huevos. Esta acción la repitió varias veces y en cada viaje de regreso llevaba otras plantas para echarlas encima del nido.

5. En el momento en que desaparecía el gallinazo en busca de otras yerbas, el dueño de los cerdos iba de prisa a examinar el nido. Las yerbas llevadas por el ave se encontraban alrededor de los huevos cocidos. Pero éstos tenían señales de contener los pollos en el cascarón.

6. El hombre de edad volvió al mismo lugar a los dos días. Entonces encontró en el nido polluelos como palominos.

7. El gallinazo revivió los huevos cocidos con plantas medicinales. Entonces la persona que frecuentaba la ciénaga dijo: "El gallinazo es famoso como médico". ✶

2. Kotsëng dweño yejatsmá jatshoye orna, bojëbtsenÿe gallinaso jwendientšán yejisonguéfjwa. Chká bomínÿe bojabwájwamná yejašéngo jwendieshoye. Chokna yejwenÿen wajajonëshá kanta shëmnëbéka. Chbenga bojisebkësa yebunoy yejuyámba jetsabwawanám.

3. Jetiñoyna yejisiamba jatshoy chkanta wábwan shëmnëbé jatskjayam wajajonëshéntše. Shëmnëbë yejtsatskjána orna gallinaso yejtashjángo betientše.

4. Chana yejëbtsobwatsješíe shëmnëbë yejtsatskjanéntšesná, yejtisóñe. Ndoñ bënënskosna yejtaysebókna shakwan wayashbená y shëmnëbéntše yejabtsetsátše. Nÿe chká inoshkwán noshkwán shakwan jatëkëkjanam wajajonëshéntše.

5. Gallinas yejtsenatjëmbamban inÿe shakwan jtángwangwam orna, kotsëng dweñna betsko bojantšabonÿe wajajonëshéntše. Shakwanëngna shëmnëbé shkonán bejtsechabokján y chë wábwan shëmnëbená bejtseshëtsán jushtëtšam.

6. Uta tes yejtísa orna wajajonëshentsë yejanÿéna kanta bolletënga ena palomashëngká.

7. Gallinasná shnan shakwanáka yejtayená chë wabwan shemnëbenga. As chjatshoy oshkwaná yejayán: "Gallinasná wachwan tatšembwá inámna". ✶

CUENTO DEL CUSUMBO O COATÍ

El cusumbo, llamado en kamëntšá ntsoy, es un pequeño mamífero de tronco fuerte y ágil, patas cortas, cola larga y gruesa, y cabeza alargada que termina en un hocico largo y móvil.

Como el cerdo, este animal remueve y levanta la tierra con el hocico en busca de unos gusanos de cuerpo alargado y blando, contráctil y dividido en anillos, para su alimentación. En kamëntšá estos gusanos se llama fshen.

Este mamífero carnívoro se metamorfosea en un joven elegante, pretendiente de una joven, para contraer matrimonio. Pero sus aspiraciones de conquista se frustran por el rechazo del regalo comestible que él ofrece al futuro suegro.

El joven visitante se desilusiona totalmente cuando el futuro suegro desenmascara su identidad de "cusumbo", cuando le ofrece gusanos como el mejor obsequio, que el hombre no consume porque se alimenta de otras sustancias nutritivas.

En el lenguaje social o común no es permitido dirigirse a un joven, pretendiente de una hija para contraer matrimonio, con esta expresión: Ak ntsoy kondmën ("tú eres un cusumbo"). Esta frase significa "insulto, desprecio, rechazo" al joven por su ineptitud para realizar varias clases de labores para el sostenimiento honesto del hogar.

El cusumbo o coatí

1. El cusumbo, transformándose en un joven elegante, se fue a casa de un tío, quien tenía una hija.

2. Al llegar a su vivienda le dijo el joven: "¿Deseas un regalo?".

3. El papá de la joven le preguntó: "¿Qué clase de regalo traes?".

4. El joven le contestó: "Traigo cosas que saqué de la tierra. Son agradables al paladar".

5. El casero le dijo: "Entonces muéstrame lo que encontraste en el camino".

6. El joven le respondió: "Traigo una cosa como si fuera morcilla, empacada en una jigra".

Ntsoybe parlo

1. Ntsoyna paresido bobonská yejëbtsobemës yejá janshanak kanÿe bakó bunawabembenábioy.

2. Yejashjango bakobioka orna bojauyán: "¿Kekmón janshán?".

3. Tobiašbe taytaná bojatjay: "¿Ndayása janshán keibó?".

4. Bobontsna bojojwá: "Ko tejëbtsejatsáka fshantseñënga tseibó, tamën soinga kómna".

5. Kaserna bojatstjay bobontsbioy: "¿Aber šmenÿënÿé ndayása tëkjëbtsónÿen benachíñ?".

6. Bobontsna bojatjwá: "Ko nÿa wabweñëtémakás tsweibó sheknajíñ wabochmënán".

7. Entonces sacó gusanos de la jigra, diciéndole al casero: "Estos son los animales que me gustan, tío, ¿te sirves?".

8. El casero, rehusándolo, dijo: "Cochino, no se debe comer animales embutidos de tierra".

9. El joven le contestó: "La cabeza es muy agradable, en seguida lo parto y te haré participar".

10. El dueño de la casa, aun cuando estaba animándose a recibirle, le dijo al joven: "Quizás asándolo tendría un sabor agradable, pero crudo no me lo sirvo".

11. Entonces el joven le replicó: "Yo le tengo pavor al fuego, suelo comerlo crudo, porque asándolo se diluye toda la grasa".

12. El casero le repitió: "Ya te dije que no me gusta comer carne cruda".

13. El visitante le preguntó al tío: "¿Tu hija, a quien pretendo, me recibiría este regalo para dárselo?".

14. Entonces el casero, habiéndolo rechazado totalmente, le contestó: "Los animales embutidos de tierra no nos gustan para comer, por lo tanto lléveselos y retírese de aquí".

15. Por último, el casero le preguntó al joven: "Sobrino, ¿cómo desentierras los animales que viven en el interior del suelo?".

16. El joven le contestó: "Pues raspo la superficie de la tierra beneficiada con abonos y saco los bichos con mi hocico".

17. "¿Y cómo sabes dónde se encuentran esos animales?", le preguntó al joven el casero.

7. Kachora yejubwakna fshenga orna bojauyán kaserbioy: "Mënga atš tsësas. ¿Tayt bakó kekatjobontšay?".

8. Kaserna bojtsantšabotesná yejayán: "Kochen, fshants wastswamnëjënga kwantsesay".

9. Chbonbontsna bojojwá: "Bestšatem tamnatem komnas, saká škwatsbas kbochjwaprobá".

10. Yébun dweñna batšá yejtsañemón joingakñamasná bobontsbioy bojauyán: "Talbes jasenyemës nantsatámnas, kakatem ndoñ kestatobontšay".

11. Chorna chbobontsna bojtsjwáñe: "Atšna tsëtsbiawátjñes, nÿe kakatéma senÿbetsenokwedánas, bwanëtemna menÿcká lempe bochandbetsobwastjóy".

12. Chkaserna bojtëtián: "Atšna ya tejayán kakán ndoñ ketsatssáse".

13. Bwachaná bakobioy bojatstjay: "Es akbe bembe kbondwantšabošá tašwatjaíngakas, kem janshan stjebtsatšetáy".

14. Chorna bebtna deltodo bojtsantšabotés bojtsjwáñe: "Fshants wastswamnëjemënga ndoñ kebtsatssáse, mejor maysókñe y matóñ".

15. Ultimna kasero bojatstjay bobontsbioy: "Sobren, ntšamsa iyknajatsáka chë fshantsiñ oyenënga?".

16. Bobontsna bojojwá: "Ko bajtonán wangwan fshantsëñ, as atšbe tsjaséka sënÿbëjatsáka".

17. "¿Chká kmetsatantián ndayentš bewatswamnán?".

18. El joven le respondió: "Por el olor que emanan los gusanos. Pero, ya que el tío me los rehusó, es mejor que me los lleve".

19. Entonces el papá de la joven le clarificó la causa del rechazo, diciéndole: "Los cusumbos son los que comen gusanos, la gente no".

20. El joven, cuando le dijeron cusumbo, le cayó tan mal esa expresión que se pronunció al instante: "Por motivo de haberme dicho cusumbo, me marcho".

21. En verdad, el mamífero carnívoro, convertido en un joven elegante, se llevó consigo el regalo destinado para el tío para no volver nunca más a ese lugar. ✸

18. "Aíñ, fshen ndayá wanguëtšá betsemniek. Pero bakó škontsantšabotentšán mejor škwayskñe".

19. Tobiašbe taytaná kanÿe ora bojabwaklará ndayek bojtsabotán: "Ché fshengna ndayá ntsoinga chká mnenokwedánas, yentšangna ndoñ".

20. Chë bobontsna ntsoyeká bojauyanámna baká bojwawenán y kachora yejayán: "Ntsoyeka šktsián káusna mejor škwatóñ".

21. Serto chjanshan bakobiam yejuyambán yejaysókñes yejatóñ. Chentšán ni mas yentaysashjángo. ✸

CUENTO DE LA ARDILLA

Anteriormente la ardilla y el oso tenían la facultad de hablar sin metamorfosearse en seres humanos. El mamífero roedor, caracterizado por un cuerpo esbelto y una cola de abundante pelaje, es muy inquieto.

En horas diurnas de silencio, se sienta sobre un tronco de cono al pie de la sementera. Con las manos juntas sobre el pecho, escucha con cautela a ver si capta pasos humanos. Si no siente ningún ruido, baja de inmediato a comer choclos en la sementera hasta sastisfacer su hambre. Luego, coge otra mazorca que se la lleva en la boca con mucha prisa hacia el monte.

Por eso, la comunidad conceptúa de la ardilla que sus rezos son ficticios para disimular el robo de los choclos en ausencia de los dueños. Por tanto, ella es el símbolo del ladrón. Además, el mamífero roedor es un vivaracho embaucador, que se aprovecha de la ingenuidad del oso para ocasionarle daños, sufrimientos y burlas.

La ardilla

1. En la época de choclos, la ardilla iba a rezar con las manos juntas al pie de la sementera.

Yendonbe parlo

1. Tšematš tojtseremédia orna, yendonná jan jaresam jaja sebióka jentëntšebnëtsëse.

2. Al terminar de rezar, se bajaba del árbol para ir a comer mazorcas de maíz tierno en la sementera. Luego solía coger otra mazorca que se la llevaba en la boca para comérsela en el monte.

3. Una vez, estando de regreso a la montaña con un choclo, se encontró con otra ardilla, que le rogaba le participara de lo que transportaba.

4. La portadora del chocclo le contestó: "Para encontrar alguna comida, ante todo se debe rezar, porque sin ese requisito nada se consigue. Pero con los dueños, ¡mucho ojo! Puede darse la casualidad de que en ese momento anden los dueños con cerbatana y le disparen sactas que le perforan las costillas.

5. Por lo cual debes coger de prisa un choclo para comerlo en el monte.

6. Como yo soy diestra en saltar de árbol en árbol, rápidamente desaparezco en el monte y los dueños no tienen forma de perseguirme. Cuando ellos vuelven a la casa a continuar su bebida, regreso pronto a comer más choclos".

7. En verdad la ardilla era una ladrona que vivía de los trabajos ajenos. Al terminarse la cosecha de choclos, se dirigía a otra parte a coger uvillas para su mantenimiento.

8. En cierta ocasión, cuando la ardilla estaba comiendo uvilla tranquilamente salió un oso en el mismo lugar. Le preguntó a la ardilla: "Sobrino, ¿qué clase de alimento estás comiendo?".

2. Tojaparejá orna jisastjangwán betiokan tšematš jisosañam jajoyka. Inÿetšna wayashbenán jëbtsokñán tjok jetsosañam.

3. Kanÿna yejtsatáye tjoy orna inÿe yendón bojobétše. Chana bojiserwan: "Kontsambatém šmetsoyé".

4. Tšematš wambayá bojojwá: "Nak natsan jaresáse jonÿenán ntšamo tbojtsajabotká joyebmwanam. Pero kochantsareparan ndweñangbiáma. Derado tmajna jwesanëjakaná mwantsatëchënja, kostillufja mwantsesatká.

5. Ayekná betsko kanÿe tšemats kochëbtsëshachíñ tjok jetsosañam.

6. Atšna betsantsëngüëngjñená betienache chandbetsenÿnënjnáye aber ntsatšá šmojtsakmén. Jaja dweñanga tmojtsatóñe jetsotmoñáma orna betsko chandbayschúmo jenokwédam".

7. Serto chë yendón chka ondebiayá inetsomñe, ajen jajañeka bida inabómna. Tšematš jajáñe tojatopochoká orna játan shufta jwatabiam jatomantéñam.

8. Kanÿna natjëmban shufta inetsasáñe orna oso yejtabókna. Bojatjay yendonbioy. "¿Tayt sobren nÿa ndayá kenokwedán?".

9. La ardilla le contestó: "Estoy alimentándome con testículos". De esa manera llamaba a la uvilla. "Pues dale un golpe a la uvilla que llevas en los órganos de la generación, luego la chupas".

10. El oso bobalicón hizo caso de la sugerencia, dándose un porrazo en los testículos. El golpe le causó un grito de dolor que lo tumbó al suelo.

11. La ardilla, retozando en los árboles, se burlaba del mamífero.

12. Al pasarle el intenso dolor, el oso desde el suelo se dirigió a la ardilla, diciéndole: "Eres un sobrino bribón que me engañas para causarme yo mismo un dolor mortal. Ahora te saliste con la tuya. Picarón de cola erecta poblada".

13. La ardilla se mofaba del mamífero a carcajadas. Pero éste, volviéndose a levantar, se fue.

14. La ardilla dando saltos en los árboles, seguía los pasos del oso.

15. El mamífero carnívoro fue a salir a un lugar donde había pepinos. En el momento de coger la fruta llegó también la ardilla. Le dijo al oso: "Tío, ¿viniste en busca de frutas?

16. El oso le contestó: "Tuve hambre, por lo cual vine a buscar pepinos".

17. De inmediato la ardilla le propuso: "Yo cojo la fruta y te la paso". Por cierto, cogió el pepino y se lo tiró a la cara.

18. Entonces el oso le dijo: "Me hubieras tirado la fruta con delicadeza, pero no tirármela a la nariz. Es mejor que la coja yo mismo. Sobrinillo picarón, márchate de aquí a gran distancia".

19. Entonces la ardilla se ausentó con risas burlonas.

9. Yendonná bojojwá: "Ko wasëngbetémsa tsenokwedán". Chká inawabobáyna shuftá. "Saká batësoy kondwambá shuftá kochjochbónja jwabchkam, as kochanjwabkwakwáy".

10. Oso obëjemna chká bojatoyeunay y kachábe wasëngbé yejenajantšetá. Mallajt kwenoyabojwá, kjwatjashajay.

11. Chë yendonná betienache yejaton-tsënguënjëse bojtsaboyejwán osbioy.

12. Osna tsetšán bojatstëkja orna fshantsokán yendonbioy bojauyán: "Chka sobrenáfja jamnán atš jabwambayam. Kachatš jenotsetšenam škojamandá. Morkokayé tkbondebiajwá. Chka waskshatiíja jamnán".

13. Yendonná nÿe yejtsenojakëkanëse bojtsaboyejwán osbioy. Chana yejtistsbanáñená ijatóñ.

14. Yendonná yajwán bojtsobwawátja ndmwaján yejátan. Betiy betiyká ontsënjanán bojtsëston.

15. Chorna yejenbókna shajbé inabinÿnóka. Jotabiam orna yendonnak yejténbokna. Bojtauyán osbioy: "aa bakó shajwanam kwatëkjábo".

16. Osna bojojwá: "Ko šjeshëntsenajem káusna tejabo shajbé jongwangwam".

17. Yendon bojauyán: "Atš škotábe y kbochjwebutšén". Sertë yejatábe y jobioka bojtsatchënja.

18. Chora oso yejayán: "Nak jwesiok škatajwebutšénas, atšbe nguëšëšbé beshachechanámna ndoñ. Mejorna kach atš chjotábe. Sobrenafna nÿa bënoy motsafja".

19. Chorna ché yendón yejisenëbiajwáse yejatóñ.

CUENTO DE LA CHUCHA

La chucha, denominada en kamëntšá mëmaš, es un mamífero marsupial que construye su nido en la parte alta de los plantíos de frijolares. Esta característica le sirve para protegerse de los perros cazadores.

Durante el día permanece inmóvil para descansar con el sueño. Cuando va anocheciendo se despierta para ir a saciar su hambre en las sementeras con la fruta denominada chilacuán. Esta fruta de zona templada, es una subespecie de la papaya de zona tropical.

La chucha también se llama raposa. Este mamífero no sólo se alimenta de los chilacuanes, sino también de las gallinas. Aprovecha la oscuridad para robar las aves de los gallineros.

En esta mala acción, cuando el mamífero de rapiña nocturna es perseguido por los perros cazadores, huye a su nido, situado en la parte alta de un árbol o de un plantío de fríjol, despistando a los perseguidores. Por lo cual la chucha es el símbolo de los amantes de lo ajeno.

En la medicina tradicional la grasa de la chucha es un medicamento para curar dolores en las articulaciones y músculos, o sea para la enfermedad del reumatismo.

En los partos morosos se utiliza la piel de la raposa, aplicándola al contorno de la cintura de las señoras para ayudarles a dar a luz pronto.

La chucha

1. La chucha era un hombre joven. Un día fue a la casa de una joven a obsequiarle un chilacuán. Cuando ella recibió el regalo, el joven le informó lo siguiente: "Esta clase de frutas las he visto en cantidades en las sementeras. ¿Te gustaría ir conmigo para comerlas allá mismo?".

2. La joven le contestó: "De día no puedo, pues de pronto nos encontramos con perros que nos perseguirían para cazarnos, por tanto te acompañaré de noche cuando esté en silencio".

Mëmašbe parlo

1. Mëmašna bobonts inámna. Kanÿe tena ijá tobiašbioy tetieš jatšetayam. Bojoingakñe orna tobiašbioy bojëbtsenay: "Mëntšatemna atšna beká sëndenÿena jajañ. ¿Kebuntjá jenokwedam kachoy?".

2. Tobiašna bojojwá: "Bnëtena ndoñ, derado bayjënga tbojtsbiatšësná bwatukamen jtsashebwayam, mejor ibet kbochjwasto silentsio kejtsemën ora".

3. El joven aceptó la sugerencia. En llegando la noche se ciñó la cabeza con una tela blanca. Se puso delante de la joven para ir a las sementeras a comer chilacuanes.

4. Entonces la joven se mostró contraria a lo acordado con el joven, exponiéndole: "Tengo más necesidad de construir pronto una habitación que ir a otra parte".

5. El joven le contestó: "Es factible si me colaboras en la construcción de la morada. Tú recoges las hojas vegetales, bien para cubrir la casa o bien para extenderlas en la sala. Yo alistaré los palos para la construcción del domicilio.

6. Arriba se vive en silencio y con tranquilidad. En el suelo se corre el riesgo de perder la vida por el trajín frecuente de los perros y de la gente. Por tanto, en caso de que nos persiguieran los perros, podríamos huir pronto a la vivienda para refugiarnos".

7. La joven también se manifestó: "Estoy acostumbrada a vivir en lo alto para descansar durmiendo todo el día, cosa que no ocurre en el suelo".

8. Entonces cada cual fue a buscar los materiales necesarios para la construcción de la morada, de acuerdo con lo acordado. ✶

3. Bobontsna bojoyeunay ntšamo tobiašbe jwabna yejtsemënká. Ibetna yejisashechaye wafjantsujwasná bojtsebiatsan tobiašbioy jajenach jam tetieš jomanteñam.

4. Chorna tobiašna ijatiañe: "Ndayenáche batoñamná, más opresido šnamna betsko jajebwám".

5. Bobontsna bojojwá: "Škojwajabwáche jajebwámasná aiñësa nanjopódia jwabojojonán. Akna tsbwanach kochjatbaná bien jwashabwayam o jajatsam. Atšna ñeñufjënga chjaprónta tsbananok yébun jajebwam.

6. Chokna natjëmban y silentsio jtsienam, fshantsoka bida jtsoperdiam porke bayjënga y yentšanga mochandbetsájna. Chënga bwatjabetsapochoká. Tsbananok tbojwajebosná choy betsko bwattsatcháñe jtsoytanam bayjënga tbojtskamén ora".

7. Tobiašnak yejayán: "Tsbananok atšna tswátma nÿets bnëtë tšabá jtsámanam, fshantsokna ndoñ chká kenatopasán".

8. Chentšán kadaón bojatá jangwangwam nday soy yejtseytëtanká, ntšamo bojenoyeunayká. ✶

CUENTO DEL CIEMPIÉS

El ciempiés, de cuerpo alargado y segmentado, cabeza pequeña y patas largas, habita debajo de las piedras y de las plantas. Esta escolopendra, metamorfoseándose en una bella joven, ceñida de chumbes amarillos, se presenta en casa de una familia para entregarse a los quehaceres domésticos con el fin de atraerse la simpatía del hijo.

La belleza y la habilidad en el desempeño de las funciones de la joven cautivan al hijo, para unirse a ella por medio del matrimonio.

A su tiempo se descubre que la hermosa y servicial mujer lo es sólo en apariencia.

Cualquier día de la semana, la futura suegra en el sitio de la cosecha de sijsc (mafafa o malanga de otras zonas, planta de la familia de las aráceas) encuentra un ciempiés, a quien le propina una paliza en la cabeza, sin la menor sospecha de que la víctima era la aspirante a ser nuera.

Al volver a casa encuentra a la bella joven cubierta por un manto y ceñida la cabeza por alteración de su salud.

En ese momento, el hijo le pregunta a su madre si ella golpeó realmente con un palo en la cabeza a su pretendida. La madre responde que ella no le ha hecho ninguna mala acción. Sólo que en el punto de la cosecha de los tubérculos se apareció un ciempiés, a quien le dió una paliza.

La paciente joven, al escuchar el nombre de ciempiés, se transforma de inmediato en su forma original de escolopendra. Se retira de esa familia para no volver nunca más al mismo lugar.

El cambio del miriápodo en una mujer hermosa se da únicamente durante su acompañamiento de una familia humana, pero fuera de ella permanece sin metamorfosearse.

Anteriormente en la cuadrilla de la comunidad, cuando una joven ceñida de chumbes amarillos compartía la comida o la bebida con un joven, los mayores comentaban de manera burlona que esa amable acción era el inicio de una conquista amorosa como la del ciempiés.

El ciempiés

1. El ciempiés era una joven notable por su hermosura, ceñida la cintura con chumbes amarillos.

2. Como mujer bella y sencilla, llegó a la casa de una familia en la cual tenían un hijo, para entregarse a los quehaceres domésticos.

3. Ella desempeñaba bien sus obligaciones, por lo cual el joven tenía buena intención de contraer matrimonio con ella.

Santopesbe parlo

1. Santopesna inamna botaman shembása ena tsësíy tšombiach wasnaná.

2. Alegr tobiaš ketsomñekaná yejashjángo boyabasá mnabomnéntše, tsok jtsoserbenam.

3. Tsok bien serbente yejtsemnámna, boyabasaná boluntado bojtsebómna jenokompáñama chtobiašeftáka.

4. Un día la futura suegra fue a la sementera a cosechar sijse. Cuando sacó de raíz la planta con una palanca, en el asiento vio a un ciempiés enroscado, a quien le propinó una paliza en la cabeza.

5. Luego estuvo descascarando tranquilamente los tubérculos hasta llenar una canasta para llevar a la vivienda.

6. En la sala de la casa el joven encontró a la joven hermosa envuelta con un manto y ceñida la cabeza con un pedazo de tela, sentada al pie de la tulpa.

7. El pretendiente le preguntó a la joven: "¿Qué te sucedió?".

8. La bella joven le contestó: "Pues, la futura suegra me dio una zurra de golpes con un palo en el sitio de cosecha del sijse, ahora estoy enferma de la cabeza".

9. Entonces el joven preguntó a la mamá: "¿Mamá, es verdad que cometiste esa falta?".

10. "¡Ay Dios! –respondió la madre–. En el punto de la cosecha de sijse no vi a esta joven, sino tan sólo a un ciempiés debajo de la planta desarraigada, le di golpes con la palanca en la cabeza".

11. Entonces manifestó la joven: "Yo tengo buena voluntad de llegar a ser un miembro de la familia para entregarme a los quehaceres domésticos, pero por motivo de haberme dicho ciempiés, es mejor que me vaya de inmediato y no vuelva más a este lugar".

12. Habiéndose expresado de esa manera la bella joven, se cambió al instante en su forma original de ciempiés al pie de la tulpa, saliendo en seguida por una rendija de la casa. ✶

4. Kanÿe tena wamben mamá ijá jajoy jomës jojatam. Palankëšeka yejajwachësënja kanÿe mat jomëše orna, asentoy bojatabinÿna santopes inetsoroskáñe. Chabioy palankufjáka bojatëtsjánja bestšaš.

5. Chentšán natjëmban inaysobwastóñ jomëš sbarukuñ jajútjia nyetšá tsoy juyambam.

6. Tsokna bojenÿen chbotaman tobiašna lempe wajkjwaná y bestšaš wabešëntsakjwaná biatojakéñ shenÿáka.

7. Boluntad bomnaná bojatjay shembasabioy: "¿Dayek chká biatspasay?".

8. Chtobiašna bojojwá: "Ko wamben mamá jabokná jomëš ojatayok šonjisbestsjangánja, morna bestšáš sëntsašóka".

9. Chorna chbobonts bojatjay bebmabioy: "¿Mamá serto chká chekjochjangwá?".

10. Bebmaná bojojwá: "¡A taytéko! Jomëš ojatayok ndoñ kem tobiaš chiyaténÿes, sino santopesëja šjatatabínÿna tejajashts jomëš asentoyes, sënjaysëtsjangánja".

11. Chorna chtobiašna yejayán: "Atš boluntado kbojtsabámna jabwacham mwentše jaserbiám, pero santopesjána šmëntsian kausna, mejor kamor škwatóñ y ndoñ más stjeysabóye".

12. Chká yejoyebwambáyesná chbotamán tobiašna konforme santopeská yejtobém. Shenÿakana yejistsjabáyes jushaka yejisebokna. ✶

CUENTO DE LAS LANGOSTAS

Según referencias de las personas mayores, de un momento a otro, millares de langostas se posaron sobre el territorio de la comunidad kamëntšá. La plaga se abatió no sólo sobre las sementeras, devorando todos los cultivos, sino también consumiendo las hojas y los frutos de los árboles.

Esta calamidad provocó la carestía del maíz, del fríjol y de la arracacha, alimentos fortificantes del núcleo social. Las langostas se multiplicaron tanto que formaban espesas nubes, destrozando comarcas enteras.

La lucha empírica de los indígenas contra las langostas para ahuyentarlas, no tuvo éxito ni con el apaleo, ni con el espantajo rojo, ni con el toque fuerte del tambor en los maizales para ahuyentarlas.

Sin embargo, esa calamidad se superó con la celebración de dos misas por un sacerdote católico en la basílica de la Virgen de las Lajas (Nariño).

Ocho días después de la celebración, la terrible plaga se dirigió hacia el norte del río Titango, conocido en kamëntšá como Manay, en el departamento del Putumayo, donde falleció.

Las langostas

1. De repente, llegaron a esta región millares de langostas que principiaron a comerse en conjunto los frutos del monte, las plantas y espigas del maíz y los choclos.

2. Para defender los maizales, la comunidad salió a espantarlas con palos, pero no pudo ahuyentarlas.

3. Luego colocaron en el campo de maíz un pedazo de bayeta roja, atada con una vara para espantar a las langostas, que tampoco dio resultado.

4. Posteriormente salieron con tambores a tocar en carrera entre las plantas gramíneas. Los insectos sólo huían a corta distancia con el ruido. Tan pronto los dueños se iban a almorzar, volvían las langostas a la misma sementera.

Langostëngbe parlo

1. Ndëjwabnayora kem lwar mallajt langostënga mojabetsashjájna. Parej tjañ shajwának mojontšá jtsasán šëšá, shewajwá y tšematš.

2. Yentšangna matatemënga jóbouyanamná mojabokán niñëbengáka jutsejanjam, pero ndoñ monjobenáy jechamoyán.

3. Chentšán niñufjëñe mojwajochútjo wabwánga betiá chbaijënga jautjanam. Nÿe kach ndoñ yenjópaborá.

4. Despwesna šenjanabek mojatsbokána jabwachan jtsaybombiaís jajenach mojtschamán. Chbayjënga nÿe chora mojacheta bekoñ. Chdweñánga tsoy mojtëtoñ jwalmorsam orna mojtesashjájna jajóka.

5. Día y noche sólo se escuchaba el ruido de las langostas masticando los follajes, por lo cual devoron muy pronto tres o cuatro sementeras de maizales.

6. Posteriormente los insectos masticadores continuaron royendo las arracachas, sijses, hojas de lulo, de frijolares, de maizales y de col hasta dejar el suelo totalmente vacío.

7. Entonces pasaban a otras sementeras para hacer los mismos daños.

8. En la comunidad se presentó una carestía total, sin forma de hacer huir a las perjudiciales langostas.

9. Durante esa calamidad, el gobernador del cabildo solicitó una contribución de dinero para hacer celebrar una misa en la basílica de la Virgen de Las Lajas, para el retiro de las langostas.

10. Además pidió la presentación de una cabeza del insecto y los residuos de algunos alimentos que ellos dejaron, en especial los granos de maíz, para llevarlos ante la Virgen de Las Lajas.

11. El cura de Las Lajas (Nariño) recibió el dinero para la celebración de dos misas. Colocó los residuos en el altar.

12. Luego, durante la celebración de la misa, el sacerdote bendecía los residuos.

13. Gracias a Dios, la Virgen de Las Lajas hizo un gran favor a la comunidad haciendo que los animales dañinos se fueran a otra parte.

5. Nÿets chisiajta y nÿets ibet matatemënga jisechjojnayán, ayekna mobën unga o kanta jajañ jtsepochokayán.

6. Ultimna chañemalëngna mojatóntša fkësayán yengó, jomës, mashaktíe, tsëmbiëjwá, šbwachán y beshá, asta ena fshants jisebem nÿetšá.

7. Chentšán inÿe jajoy jatenachnëjnan kachká daño jatsbemám.

8. Yentšangbiamná deltodo shëntsan yejtsémna y ndoñ yentsotatšëmbo ntšamo jamës chbayjënga jtsajwanayam.

9. Chorna kabildoka mandado yentšangbioy yejatjay krosenan jenëchjajnam Lajs Mamitábiok meš jachentšam langostëng chametsojwanam.

10. Kachoy jwechmwamna yejatjay langostbe bestšafja; langostbe oyejaman saná y langostbe jobësasën mats.

11. Lajsoka bachna rala yejtsókñe uta meš jachentšam. Meš maman meštombéntše yejakjáye langostëngbe ojaman soy.

12. Meš yejtsemaman ora chë soingóye bendisión yejtsekëkjnáye.

13. Y ko dioslepay Lajs Mamá pabor yejabiam mwéntša yentšangbioy chbayjënga inÿoy jatoñëngám.

14. Transcurridos ocho días desde la celebración de la misa en Las Lajas, de un momento a otro las terribles langostas levantaron vuelo de las sementeras, dirigiéndose hacia el norte de Titango, en el costado derecho del río Patoyaco, donde murieron. ✱

14. Meš yejachentš semantena, chwabowán langostëjënga nÿe ndeolpe mojisatsban jajañentšán. Manay këbsero mojatoñënga chbënlwar jetsojenachëjëngam. ✱

CUENTO DE LA CULEBRA

El horror que el indígena siente hacia los ofidios es a causa de la mordedura que inocula un veneno mortal. La serpiente es el símbolo de la aversión, del odio y la venganza. Por lo cual el aborigen, en cuanto la ve, la persigue hasta matarla a garrotazos.

Soñar con la serpiente anuncia al soñador que al día siguiente verá a un enemigo, quien desea hacerle mal, o percibir a un hechicero que pretende someterlo a influencias maléficas mediante ciertas prácticas supersticiosas. Si un reptil entra en una habitación predice que algún miembro de la familia está cerca de fallecer. En kamëntšá se dice "tapia", lo que en español significa "presagio".

La sanguijuela en kamëntšá se llama fchekos. Es un animal con figura de gusano, de color negrusco, de cuerpo blando con anillos, como la lombriz. Vive en zonas húmedas.

Según los médicos ancestrales, la saliva de la sanguijuela tiene virtudes medicinales para la curación de úlceras, blenorragia y sífilis, o para cualquier dolor del cuerpo.

La serpiente

1. Una serpiente de la zona tropical estaba tranquilamente envuelta en la rama de un árbol cuando vio pasar a una sanguijuela. Entonces la serpiente le habló de la siguiente manera: "¡Ay! siendo tú pura pulpa, ojalá fuera yo la única afortunada para chuparte la sangre".

2. Habiéndose acercado, la sanguijuela le contestó: "Tú eres venenosa, si muerdes a una persona en buen estado de salud, se muere. Yo no hago esa maldad.

Mëtškwaybe parlo

1. Mëtškwayna onÿayo tjoka natjëmban yejtsendmanán betiesh bwakwashíñ orna, sanguijwela inachnujwán. Chorna mëtškway yejtsoyebwambáy chnujwanabiam. "¡Ay! ak ena mëntšen kondmënas nÿa atš kebtëtsobkwakway".

2. Chorna chë sanguijwela yejëbtsobékonás bojojwá: "Akna benen bomnëj kondmëna, salud bomná tkojwáshantsësná ichanjobán, atšna ndoñ chká ketsatamán.

3. Quien tenga una úlcera en el pie, en la mano, o sífilis, sana si me acerco al paciente y como un perro lamo la parte infectada. Mediante esa operación se cura el enfermo. Se debe pensar en curar pacientes, mas no en quitarles la vida.

4. Tú eres bella a la vista, pero en tu boca llevas un veneno mortal que lo demuestras sacando la lengua negra.

5. Tú no eres estimada ni por la gente, ni por los que andan en el monte. Donde quiera que te vean te matarán con un garrote o con una flecha. Tú eres maldita por la justicia de Dios".

6. Entonces dijo la serpiente: "Pues, por causa del demonio que se prendió en nuestro abuelo, todos los descendientes somos despreciados".

7. La sanguijuela le respondió: "Por el veneno que dejó de herencia vuestro abuelo, sois despreciadas. Pero es mejor que yo prosiga mi viaje, pues de pronto me muerdes. En cualquier parte que salgas, la gente hará pedazos tu cabeza".

8. La serpiente le contestó: "No me pronostiques ese destino fatal".

9. La sanguijuela le recalcó: "Solamente tienes una bella piel labrada, pero en tu boca hay un veneno violento para la gente. Por lo cual eres detestada. Pero, a fin de que no haya ningún problema, es mejor que cada cual siga su camino".

10. En verdad, la sanguijuela se fue y la serpiente se quedó envuelta en el árbol. ✶

3. Atšna nda tbojtsosá shekwatš, bwakwatš o bakna šokán tojtsebómnasná chjobekoná y kešká chjabojabóbjo wašokéntše y bochantsatotëkjañ. Nak jashnam jajwabnayánas, ndoñ japochokam.

4. Aka mëtškwayná nÿe jobioy jenÿam botamanëja, pero benen wayashbenëja kondmëna, chiek ftseng bíichtaj kontsabokán.

5. Akna ndoñ bonshaná kekatsmën yentšangbiam ni tjañ ajnëngbiám. Ndayentš kekmojínÿe orna garotiáka o jwesanán plechufjwáka kmochantsepochoká. Akna Bëngbe Taytábe malesión tšetanëja kondmëna".

6. Chorna mëtškwayna yejayán: "Baíjse chë bëts taytajbeñ ijabwánjo kausa bëng šešong nÿe lempe wayanëng bsëndmëna".

7. Sanguijwela bojojwá: "Ko benen tëkmojabtsatšatámsa wayanënga šmomdmëna. Mejor atšna škwatoñ. Akna škwatjanëbtëtše. Chakjwebëbókna yentšangbioye orna bestšaš kmochanjwatsbabáye".

8. Mëtškwayna bojojwá: "Chká ndoñ šmasešbwaché".

9. Sanguijwelna bojatián: "Nÿe botamán labran bobach kondbómnas, pero akbe wayantšañná nÿe yentšang obanay benen kondbómna. Cham aka wayanëja kondmën. Pero tonday palabra chaondmënam mejor kada uno bwatóñ".

10. Serto sanguijwelna kachora yejatóñ y mëtškwayna betiíñe ndmananëja yejatokedáñ. ✶

Vocabulario

El vocabulario kamëntšá-español comprende todas las palabras que aparecen en el lenguaje ritual, cuentos y leyendas recopilados de labios de aborígenes informantes.

En cuanto a los verbos kamëntšá, de acuerdo con las circunstancias en que se realizan las acciones, los anotamos con segmentación morfológica con el propósito de que este ensayo sea de interés no sólo para los investigadores, sino también para los estudiosos de la lingüística aborigen.

Los vocablos españoles que se han incorporado a la lengua kamëntšá sufren algunas modificaciones en la terminación de los sufijos, pero no en la raíz. Los préstamos aparecen registrados con un asterisco (*).

Este valioso rescate del patrimonio cultural podrá enriquecerse recolectando una mayor cantidad de textos para investigaciones antropológicas, etnográficas y lingüísticas.

Vocabulario kamëntšá-español

A

aber: a ver
aíñ: sí
ajá: sí
ajen: ajeno
ak: tú
alegrë: elegante
* **alma:** alma
* **altar:** altar
* **ambrento:** hambriento
aná: andariego
antéo: en tiempo remoto
añem: fuerza
* **aprechësh:** afrecho
¡aray!: ¡caray!
arešmesh: arroz de maíz
* **areglado:** arreglado, convenido
arnënÿá: harina de trigo
arseñor: sí señor
as: entonces
asento: fondo
aslëpay: gracias
asna: entonces
* **asta:** hasta
atš: yo

atš-be: de mí
atš-bia-ma: para mí
¡ay!: ¡ay!
ayekna: por lo cual
aynán: corazón
* **ayunas:** ayuno

B

bachešͅ: batea
bachna: sacerdote
baíj: fiera
bajtón: raspón
bajton-íñ: raspadura
baká: horrible
baká wamaná: persona no grata
bakna: malo, mala
bakna šokán: sífilis
bakó: tío
Balsayaco: Balsayaco
* **bandolero:** bandolero
* **bará (medida de longitud):** vara
bárie: vario, varia
barufja: bastón de mando
basá, base: pequeño, pequeña
base-fta-ng: pocos, pocas

113

base-fta-ñe: pocos lugares
base-së-nga: pequeños, pequeñas
batá: tía
Bataskoy: Patascoy
batatem: poquito, poquita
ba-té, bay-té: mucho tiempo
batëchmëš: cedro
batësañ: partes pudendas
batsja-bé: prominencia del suelo
batšá: poco
bayá: fiera, animal
bchendán: azul
bebená: bañado, bañada
bebmá: mamá
bebta: papá
bejay: quebrada, río
bejëngwaj: cuello
beká: bastante
bekonán: cerca de
bekoñ: cerca
bekwá: bajo de estatura
benach: camino
benach-jan: por el camino
* **bendisión:** bendición
* **bendito:** bendito
* **beneno:** veneno
beštsáš: cabeza
beshá: col
betiá: bayeta
betíe: árbol
betsko: rápido
beyá: hablante
bën: demora, tardanza
bëng-be: nuestro, nuestra; de nosotros
bëndat: nosotros o nosotras dos
bënënskos: dentro de una demora
bënë-te: de día
bënga: nosotros, nosotras
bëng-be: de nosotros, nuestro, nuestra

bën-ok: lejos
bëntsan: diez
bëšasha: portón
bëšašá: puerta
bëts: gran
bëtsá: grande
bëtsëkná: arrogante
bëtsëtša-nga: grandes
biajero: viajero
bíichtaj: lengua
* **bida:** vida
binÿniñ: claridad del día
binÿn-oy: hacia la claridad
biyá: hablante
bobach: piel
bobonts: joven
bogotillo: bogotano
bokoy: chicha
* **bolkán:** volcán
* **boluntado:** voluntad
bollet-bian: presa de pollo
bolleto: pollo
bomínÿe: ojo, vista
bonshaná: estimado, estimada
bontšan: pecado
boshtsná: desemplumado,
    desemplumada
bošenán: atrayente
botamán: belleza
bouyan: celo
boyá: marido, hombre
boyá-basá: varón
bucha-shben: interminable
buyesh: agua
bwachaná: visitante
bwakwash: rama del tronco o tallo
    principal
bwakwatš: brazo
bwanán: asado, asada

bwangan: rojo
bwashan: seco, seca
bwatjoy-kán: desde el fondo del agua
bwawán: hirviente
bwawatjanán: espeluznante
bwechtsanuko: sombrero
bweñ: sangre
bwéta: cuanto, cuanta

CH

cha: él, ella
chafj-ok: parte baja de la sala
Chafshay: laguna de El Encano
    (Nariño)
cha-ma: para eso
chashja-ñ: patio
cha-t-nak: ellos dos también
Chatsëngwanoy (vocablo arcaico):
    Mocoa
chbonján: latigazo
chenach: por ese lugar
chewako: mirla
chë-nga: ellos, ellas
chëntskoñ: hasta ese punto o lugar
chentš-án: luego
chiek-na: por lo cual
chisiajta: todo el día
***chispëja:** chispa
chká: así
ch-kábsa: por ese motivo
chnujwaná: pasajero
chnungwan: seis
chocho: teta
choka: allá
***chorera:** chorrera
choy: hacia allá
ch-té: ese día
ch-te-skán: desde ese día

chubta: cantidad
chumbo: pavo

D

***delikado:** delicado
*** delit:** delito
deombre: de verdad
derado: de pronto, por casualidad
*** derecho:** derecho
*** desde:** desde
*** desegrasie:** desgracia
*** después:** después
*** diablo:** diablo
*** Dios:** Dios
diosiay: ¡Dios mío!
dioslëpay: gracias
diosmand: por Dios
*** dosen:** docena
*** dweñ:** dueño

E

empado: atención
empas: terminado
empas-am: para siempre
ena: puro, pura
ená: vendedor, vendedora
e-n-a-bwatmat: pareja unida en
    amancebamiento
enaná: amarrado, amarrada
enash: esterilizador
Enkano: Encano
*** enosente:** inocente
*** enperno:** infierno
enutá: compañero, compañera
*** eskina:** esquina
eskonubta: nueve
*** estado:** estado

F

fchekoš: sanguijuela
fjabinÿën: claro de luna
fshajants: blanco, blanca
fshants: tierra
fshants-bé: bola de tierra
fshants-oy: hacia el suelo
fshen: gusano
ften-án: sin sal
Ftëmayjay: río Putumayo
ftseng: negro, negra

G

*****gabilán:** gavilán
*****garote:** garrote
gnanskoñ: hasta el presente
*****golpeaná:** golpeado, golpeada
gon: humo
*****grano:** grano
*****grasia:** gracia
guetsebias: uña del pie

I

ibeta: noche
ibsán: día siguiente
***ijo:** hijo
***imajen:** imagen
inÿá: otro, otra
inÿená: observante
inÿ-oy-ka: de otro lado
inÿ-ok inÿ-ok: en una y en otra parte
***insignia:** símbolo
íñe: fuego
***isla:** isla
iytëmen-oy: hacia el escondite
iytëkan: en secreto

J

j-a-ba-binÿaná-n: amanecer varios
habitualmente
j-a-bajtá-n: raspar
j-a-bajtotá-n: raspar varias veces
j-a-bá-n: venir
j-a-bayá-n: mencionar
j-a-ba-chenÿá-n: venir al mundo,
nacer
j-a-ba-shjajná-n: llegar varios
j-a-ba-ta-shjangwá-n: llegar de regreso
j-a-ba-y-o-bomñá-n: venir a dar algo
temporalmente
j-a-ba-y-o-kedayá-n: venir a llegar
temporalmente
j-a-ba-y-perdená-n: venir a hacer
perder tiempo
j-a-ba-y-se-shachná-n: volver a respirar
j-a-ba-y-se-ká-n: venir a recuperar en
el tiempo
j-a-ba-y-so-yebwambayá-n: venir a
hablar en el tiempo
j-a-bejëngü-enayá-n: atar el cuello
j-a-bemá-n: hacer
j-a-be-s-betšá-n: venir a llevar a
alguien
j-a-be-ts-e-n-o-bo-šachná-n: venirse
a llorar
j-a-bia-má-n: hacer a varios
j-a-binÿná-n: haber, amanecer
j-a-bkësasá-n: roer
j-a-bmwaná-n: tragar
j-a-bo-bemañá-n: venir a dar
j-a-bo-binÿaná-n: amanecer alguien
habitualmente
j-a-bo-binÿná-n: amanecer alguien
j-a-bo-chembwá-n: venir a llamar,
gritarle

j-a-bo-jabobjwá-n: lamerle

j-a-bojajwá-n: palpar

j-a-bojakená-n: tener animales

j-a-bokakayá-n: seleccionar

j-a-bokaná-n: salir varios

j-a-bokná-n: salir

j-a-bo-lempiá-n: limpiarle

j-a-bo-lesentsiá-n: venir a apersonarse

j-a-bomná-n: tener

j-a-bo-ntješeyá-n: venir a mirar

j-a-bonÿiá-n: encargar

j-a-bo-remediá-n: venir a haber

j-a-boshjoná-n: soltar, dejar

j-a-boshtsá-n: desplumar

j-a-bošá-n: desear

j-a-boté-n: aumentar

j a bo tëltjá n: debilitarse

j-a-bo-tsjwaná-n: ocuparle la casa, moverse sobre alguien

j-a-bo-tsenayá-n: atarle las manos por la espalda

j-a-boyá-n: venir

j-a-bo-yebwambayá-n: venir a hablar

j-a-b-sha-tajwá-n: correr el río o quebrada crecida con trozos de tierra erosionada

j-a-b-ts-a-shjangwá-n: ir a llegar allá

j-a-b-ts-e-ngwangwá-n: ir a buscar allá

j-a-b-ts-o-shbwañá-n: ir a cazar algo para uno

jabwach: fuertemente

j-a-bwachá-n: incorporarse a una familia, visitar

j-a-bwa-chjangwá-n: hacerle algún mal

j-a-bwa-jená-n: tener animales

j-a-bwa-joná-n: tener algo guardado

j-a-bwa-jwá-n: guardar algo para otro

j-a-bwambayá-n: engañar

j-a-b-wanjwá-n: venir a prenderse

j-a-bwastá-n: descascarar

j-a-bwa-stëtjwaná-n: gotear permanentemente

j-a-chbonganjá-n: azotar varias veces

j-a-chbonjá-n: azotar, golpear

j-a-chebiashëngwá-n: llegar

j-a-chebwanjnayá-n: azotar a varios permanentemente

j-a-chetá-n: huir varios

j-a-chentšá-n: traspasar

j-a-chinÿá-n: servirse comida o bebida

j-a-chjojnayá-n: hacer ruido

j-a-chnungwá-n: pasar de largo

j-a-chnujwaná-n: pasar habitualmente

* j-a-depositá-n: depositar

j-a-delejentsiá-n: diligenciar

* j-a-desmayá-n: desmayar

j-a-empadá-n: solicitar un favor

* j-a-embenená-n: envenenar

* j-a-enkargwá-n: encargar

j-a-fjoná-n: reducir a harina

j-a-fshantsá-n: convertir en tierra

j-a-ftëmá-n: tomar bebida

j-a-ibetatá-n: oscurecer

j-a-ingaká-n: recibir

j-a-ingñayá-n: engañar habitualmente

jajá: sementera

j-a-jabwachená-n: insistir, agravar una enfermedad

j-a-jajwá-n: poner, colocar

jaja shlobtš: gorrión

j-a-jashtsá-n: desarraigar

j-a jatsaká-n: sacar varias cosas del suelo o de algún recipiente

j a jatsá n: extender

j-a-jatsëká-n: sacar

j-a-jebwá-n: construir casa

j-a-jená-n: haber animales, enajenar

j-a-jënÿá-n: hacer sol

j-a-jná-n: andar varios

j-a-jwaboyá-n: pensar

j-a-jwachësënjá-n: derribar

j-a-jutjiá-n: llenar

j-a-jwabnayá-n: pensar habitualmente

j-a-jwaná-n: retirar

j-a-jwená-n: sobresaltar

j-a-jwersá-n: forzar

j-a-jwesá-n: disparar, tronar

j-a-kakjá-n: hacer chicha

* j-a-kambiá-n: cambiar

j-a-kardadá-n: dar algo

j-a-kedá-n: hacer quedar

j-a-kedaná-n: permanecer

jakená: sentado, sentada

j-a-kjaná-n: yacer varias cosas

j-a-kjayá-n: colocar varias cosas

* j-a-koloká-n: colocar

* j-a-kostumbrá-n: acostumbrar

* j-a-kwedá-n: cuidar

* j-a-kwentá-n: contar

j-a-lantsayá-n: bailar habitualmente

j-a-lastemá-n: tener consideración

j-a-lesentsiá-n: apersonarse

j-a-lkantsá-n: servirse bebida

* j-a-mandá-n: mandar

j-a-mashëngwá-n: entrar

j-a-mengayá-n: hacer minga

j-a-mná-n: ser, estar

j-a-n: ir

j-a-ná-n: andar habitualmente

j-a-nantsá-n: moler masa

j-a-ndëntjayá-n: gritar

j-a-ngarotiáyá-n: apalear varias veces

j-a-nguëtsená-n: expedir olor

j-a-ngwangwá-n: buscar

janshán: regalo

j-a-ntješná-n: mirar continuamente

j-a-notisiá-n: averiguar

* j-a-ntregá-n: entregar

j-a-ntšabonÿá-n: registrar

j-a-ntšabwachiá-n: entregar algo en las manos de otro

j-a-ntsëtjiá-n: machacar

j-a-ntšmaná-n: espesar

j-a-n-tšñéñená-n: calentar

j-a-nutjwá-n: untar

janÿetšna: harina de maíz

* j-a-obrá-n: obrar

* j-a-ordená-n: ordenar

j-a-padesená-n: sufrir por largo tiempo

j-a-parejá-n: completar, terminar

j-a-parlá-n: contar

j-a-pasá-n: sucederle

j-a-pasentsiá-n: disculpar

j-a-pasiá-n: pasear

* j-a-perdiá-n: hacer perder

* j-a-perdoná-n: perdonar

j-a-pochoká-n: acabar, terminar

j-a-pormaná-n: vestirse habitualmente con elegancia

j-a-preskwá-n: refrescar

j-a-rasoná-n: razonar

j-a-remediá-n: haber

j-a-repará-n: verificar, mirar

j-a-resá-n: rezar

j-a-roská-n: enroscar

j-a-rwá-n: rogar

j-a-sá-n: comer

j-a-sa-sá-n: agradar comida, dar de comer

j-a-satká-n: perforar

j-a-sátka-ka-yá-n: hacer agujeros

* j-a-sentá-n: asentar

* j-a-sentiá-n: sentir

* j-a-señalá-n: señalar

j-a-seorá-n: poner, colocar

j-a-serbiá-n: servir

j-a-sjantsá-n: picar en los glúteos

j-a-smaká-n: desgranar maíz

j-a-stjangwá-n: descender

j-a-šmiá-n: tostar

jaštsoy: debajo de un recipiente

j-a-shachná-n: respirar

j-a-shanÿá-n: cuidar la casa

j-a-shbená-n: faltar

j-a-shbwá-n: cazar, degollar

j-a-shebwayá-n: cazar varios animales

j-a-shek-bwachá-n: ser veloz en caminar

j-a-shjangwá-n: llegar

j-a-shjajná-n: llegar varios

j-a-shkoná-n: vomitar

j-a-shkonayá-n: vomitar permanentemente

j-a-shná-n: aplicar un remedio al enfermo

j-a-šbwachená-n: acceder a una súplica

j-a-šëngwá-n: subir a lo alto de un árbol o de una casa

j-a-šënÿëmiá-n: exponer algo al fuego para asarlo

j-a-šoká-n: permanecer enfermo

j-a-tabená-n: arrancarse

j-a-t-a-binÿná-n: divisar además

j-a-tambwá-n: construir un rancho

j-a-tamná-n: tener buen sabor

j-a-tamoš-enayá-n: atar en el cuello

jatán: fiambre

j-a-t-á-n: continuar caminando

jatan-enache: aberturas de la tierra

j-a-tantiá-n: probar

j-a-tatšëmbwá-n: tener noticias de alguna cosa

j-a-tayá-n: pernoctar varias personas

j-a-tbaná-n: recoger

j-a-tbëná-n: sostener

j-a-té-n: pernoctar

j-a-t-enÿá-n: volver a ver

j-a-tëchënjá-n: lanzar

j-a-tëkjá-n: calmar

jatëntšañ: ciénega

j-a-tjamiá-n: defecar

j-a-tja-shajayá-n: caerse en el monte

j-a-tjayá-n: preguntar

j-a-tjëmbambayá-n: acompañar

j-a-tkëkjaná-n: caer varias cosas o seres al vacío

j-a-tkunÿá-n: relampaguear

j-a-tkunÿenÿaná-n: brillar

j-a-t-o-bšeyá-n: retomar

j-a-tombú n: incubar

j-a-t-o-ñá-n: continuar el viaje por su propia cuenta

J-a-tormentaná-n: trajinar

j-a-trabajá-n: trabajar

j-a-troká-n: cambiar

jatshañ: ciénaga

j-a-tshenÿná-n: clarear el día

j-a-tsaná-n: estar de pie

j-a-tsbabayá-n: hacer pedazos

j-a-tsbaná-n: levantar

j-a-tsbwayá-n: atar

j-a-tsëntsá-n: empujar

j-a-tsjwá-n: subir

j-a-tsmá-n: bajar

j-a-ts-repará-n: volver a verificar

j-a-ts-rwá-n: volver a rogar

j-a-tsteyá-n: trasnochar

j-a-ts-trabajá-n: trabajar además

j-a-tšatayá-n: regalar algo a varios

j-a-tšetayá-n: regalar

j-a-u-jabwachá-n: ayudar a varios

j-a-u-mashëngwá-n: entrar a una persona en la sala

j-a-u-šengwá-n: subir a alguien o alguna cosa

j-a-u-tjaná-n: espantar a varios

j-a-u-yaná-n: decir a varios

j-a-wabwatmaná-n: ir a conocer

j-a-wantá-n: soportar

j-a-wardá-n: aguardar

j-a-watjaná-n: espantar

j-a-yaná-n: decir

j-a-yebwambayá-n: solicitar un compadrazgo o pedir a la novia: para contraer matrimonio

j-a-yebwashá-n: secar la saliva en la boca

j-a-y-s-a-shjangwá-n: llegar al mismo lugar

j-a-y-s-bwa-kwedaná-n: mantener a varios con alimentos: temporalmente

j-a-y-s-a-tšetayá-n: dar algo de paso

j-a-y-s-e-kedaná-n: permanecer en algún lugar

j-a-y-s-e-mandayá-n: existir temporalmente en algún lugar

j-a-y-s-e-n-a-tšetnayá-n: tener mutuas atenciones en determinado lugar

j-a-y-s-e-n-kedá-n: apartarse uno del otro temporalmente

j-a-y-s-e-n-pasentsiá-n: tenerse paciencia en algún sitio

j-a-y-s-e-pasentsiá-n: tener paciencia en algún lugar

j-a-y-s-o-bomñá-n: tener algo temporalmente

j-a-y-s-o-kedayá-n: estar en un lugar temporalmente

j-a-y-s-o-kñá-n: llevárselo desde un lugar

j-a-y-tá-n: ser necesario

j-a-y-tëmiá-n: esconder

j-e-b-bokná-n: salir ante otra persona

j-e-biajwá-n: hacer reír

j-e-bia-watjá-n: temerle

j-e-b-jaká-n: coger cosas sin el consentimiento del dueño

j-e-chamoyá-n: ahuyentar

j-e-ibá-n: traer

j-e-n-a-bayá-n: venir en tropel

j-e-n-a-bojotá-n: hostigar entre varios a una persona

j-e-n-a-bokná-n: salir entre dos personas a un punto determinado

j-e-n-a-bo-bokná-n: divulgarse

j-e-n-a-bwambaná-n: ofrecerse

j-e-n-a-chentsá-n: atravesar

j-e-n-a-jabatëntsá-n: cortar con la dentadura la cuerda de amarre

j-e-n-a-jabwachá-n: ayudarse mutuamente

j-e-n-a-jantšetá-n: golpearse el aparato genital

j-e-n-a-jwabá-n: mezclar

j-e-n-a-kmeyá-n: ir de prisa entre dos o más personas

j-e-n-a-ngmiá-n: realizar un trabajo

jenanufja: chaquín (vara de punta de 1,45 m de largo: para la siembra de maíz)

j-e-n-biajwá-n: reírse

j-e-n-bwajwá-n: guardar o poner alguna cosa para otro

j-e-n-perdiá-n: ocasionarse mutuamente

j-e-n-ë-borlán-n: burlarse

j-e-n-ë-chjangwá-n: colaborarse

j-e-n-ë-kedá-n: hacerse quedar el uno al otro

j-e-n-ë-nayá-n: ligarse

j-e-n-o-bokakayá-n: reflexionar

j-e-n-o-bo-šachná-n: lamentarse con lágrimas

j-e-n-o-boté-n: aumentarse

j-e-n-o-bwachjajwaná-n: desembocar

j-e-n-o-bwa-chnëjná-n: traspasar un líquido

j-e-n-o-bwajonyána-n: recurrirse el uno al otro

j-e-n-o-bweyá-n: pecar

j-e-n-o-jakëká-n: reír a carcajadas

j-e-n-o-jatayá-n: partirse

j-e-n-o-jwaboyá-n: pensar en sí mismo

j-e-n-o-kompañá-n: acompañarse

j-e-n-o-kwedá-n: servirse, alimentarse

j-e-n-o-perdiá-n: motivarse

j-e-n-o-tsetšená-n: causarse dolor

jen-oy: hacia la residencia de animales

j-e-n-o-yabojwá-n: causarse gritos de dolor

j-e-n-o-yebweyá-n: expresarse con palabras ofensivas

j-e-n-o-yeunayá-n: convenir

j-e-n-tjayaná-n: disgustarse entre dos personas

* **jente:** gente

j-e-n-tëntšebnëtsá-n: poner las manos juntas

j-e-n-troká-n: permutar

j-e-n-watjá-n: portarse mal

j-e-n-yaná-n: decirse mutuamente

j-e-nÿá-n: ver

j-e-nÿanÿiyá-n: mostrar a varios

j-e-nÿená-n: encontrar, tener visto

j-e-nÿinÿiá-n: mostrar

jenÿniñ: despejado

j-e-shachechá-n: agarrar varias veces

j-e-shachechiá-n: coger en flagrante delito

j-e-shëntsená-n: causar hambre

jetiñ: tarde

jetiñ-oy: hacia el atardecer

j-e-tná-n: enfadarse

j-e-ts-a-bweyá-n: vender allá

j-e-ts-a-shjangwá-n: llegar allá

j-e-ts-e-jajwá-n: hacerlo o hacerla acostar allá

j-e-ts-o-sañá-n: comérselo allá

j-e-tšá-n: perder de vista

j-e-yá-n: vender

j-ë-b-ts-a-bashejwaná-n: dejar a varios en un lugar

j-ë-b-ts-a-tatšená-n: salir con precipitación de un lugar

j-ë-b-ts-betšá-n: llevar a alguien en compañía

j-ë-b-ts-e-bká-n: coger alguna cosa sin el consentimiento del dueño

j-ë-b-ts-e-bokná-n: salir de un lugar para realizar otra acción

j-ë-b-ts-jabwachá-n: ayudar a varios de paso

j-ë-b-ts-o-bomñá-n: estar dando algo mientras se vive

j-ë-b-ts-o-kñá-n: coger algo para uno en un lugar

j-ë-b-ts-wená-n: oír alguna noticia en determinado lugar

jëntšafja: dedo del pie

j-ë-ts-bo-kwentá-n: pagarle en efectivo

j-ë-ts-chamaná-n: estar corriendo

j-ë-ts-chañá-n: huir solo

j-ë-ts-nachayá-n: estar llevando a varios

j-ë-ts-shkwaná-n: estar dando vueltas

j-ë-ts-wantaná-n: disimular o tener paciencia habitualmente

j-e-j-y-s-a-boyá-n: venir al mismo lugar

j-i-s-a-jkëshayá-n: esparcir en todo tiempo

j-i-s-a-ntša-utšená-n: botar algo con violencia en un lugar

j-i-s-a-shjangwá-n: llegar al mismo lugar

j-i-s-a-tsbaná-n: levantase varios desde un lugar

j-i-s-e-binÿná-n: divisar un determinado lugar

j-i-s-e-bokná-n: salir de un lugar

j-i-s-e-n-a-jabatëntsá-n: cortar con la dentadura la cuerda de amarre

j-i-s-e-ndëtjaná-n: gritar varios en todo tiempo en un lugar

j-i-s-e-nguebufjoná-n: volar aves desde un lugar

j-i-s-e-ntšabwachiá-n: entregar alguna cosa a alguien en cierto lugar

j-i-s-e-tsjwá-n: subir desde un lugar

j-i-s-ë-shkoná-n: volverse desde un lugar

j-i-s-jakñá-n: recoger varias cosas en un lugar

j-i-s-o-b-tsjwá-n: retroceder una quebrada o un río

j-i-s-o-chwayá-n: agradecer en determinado lugar

j-i-s-o-lwareñá-n: ausentarse

j-i-s-o-nguefjwá-n: volar desde un lugar

j-ma-y-s-a-na-tšetayá-n: dar cuenta de todo algún día

jmëton: montón

j-o-baná-n: morir

j-o-bamñá-n: dar habitualmente

j-o-bariá-n: separarse

j-o-batmá-n: esperar

j-o-bayá-n: matar a varios

j-o-bebiá-n: bañarse

j-o-bebiayá-n: bañarse habitualmente

* **j-o-bedesá-n:** obedecer

j-o-bekoná-n: acercarse

j-o-bekwá-n: acercarse el tiempo

j-o-bemá-n: hacerse, convertirse

j-o-bemañá-n: dar algo con aprecio

j-o-benaí-ñ: posible de realizar

j-o-bená-n: poder

j-o-benayá-n: poder realizar

j-o-betšá-n: encontrarse de paso en el camino, ir a traer

jobiá: cara

j-o-biajerá-n: viajar

j-o-biamañá-n: dar a varios

j-o-bia-shjachá-n: tener habilidad, ser capaz

j-o-biatšá-n: encontrarse con varias personas en el camino, ir a traer a varias personas

j-o-bkwakwayá-n: chupar

* **j-o-bligá-n:** obligar

j-o-bojanÿá-n: esperar la confirmación de algo

j-o-bojinÿená-n: entusiasmarse

j-o-bokná-n: salir algo

j-o-bo-kwedá-n: alimentar a alguien

j-o-bo-kwedaná-n: mantener a alguien en todo tiempo

j-o-bomñá-n: tener o dar algo en todo tiempo

j-o-bontšayá-n: servirse comida o bebida

j-o-bo-seorá-n: colocar algo para uno

j-o-bosteroyá-n: mentir

j-o-bouyaná-n: defender

j-o-bowamayá-n: casarse

j-o-boyayá-n: tener paciencia

j-o-boyejwá-n: divertirse

j-o-bšiá-n: beber

j-o-b-tsjwá-n: crecer una quebrada o un río

j-o-bujná-n: correr el río

j-o-bwa-b-natsá-n: ponerse delante de otra persona

j-o-bwachá-n: llegarse la hora, atribuir una falta a otra persona

j-o-bwachjangwá-n: incurrir en un error

j-o-bwa-chnungwá-n: pasar la corriente de un río

j-o-bwajá-n: invitar a varios

j-o-bwa-jonÿaná-n: recurrir a alguien

j-o-bwa-jonÿanayá-n: recurrir siempre a alguien

j-o-bwajoñá-n: tener algo guardado con permanencia

j-o-bwajwá-n: guardar algo para uno

j-o-bwa-jweyá-n: recibir agua en un recipiente

j-o-bwa-kwedaná-n: mantener a varios con alimentos

j-o-bwambayá-n: avisar

j-o-bwameñá-n: comprar algo para uno

j-o-bwastjoyá-n: gotear

j-o-bwa-tsješeyá-n: visitar a un enfermo

j-o-bwa-watjá-n: mirarlo fijamente

j-o-bwertaná-n: dar vueltas

j-o-bweyá-n: ofender

j-o-chamaná-n: andar rápidamente

j-o-chash-jajwá-n: acostarse en el patio

j-o-chbayá-n: coger con las manos a un niño para colocarlo en el pecho

j-o-chentšá-n: pasar de un punto a otro

j-o-chjangwá-n: incurrir en un error

j-o-chungwá-n: pasar un acontecimiento

j-o-chochá-n: mamar

j-o-chumwá-n: ir de prisa

j-o-chwayá-n: agradecer

j-o-fjá-n: invitar

j-o-fshëchechiá-n: hacer fuerza para defecar

jofsh-oka: en el rincón

j-o-fšcyá-n: beber

* **j-o-golpiá-n:** golpearse

j-o-ingakñá-n: recibir algo para uno

j-o-jajwá-n: acostarse

j-o-jatá-n: cosechar

j-o-jbaná-n: cesar

j-o-jenachá-n: morir

j-o-jutjiá-n: llenarse

j-o-jwá-n: contestar

j-o-jwaná-n: retirarse

j-o-jweyá-n: sostener un recipiente para recibir alguna cosa

j-o-kedá-n: quedarse

j-o-knayá-n: tener sueño

j-o-kñá-n: coger algo para uno

* **j-o-kumpliá-n:** cumplir

j-o-lkantsá-n: alcanzar

j-o-maná-n: dormir

j-o-manteñá-n: alimentarse

jomës: sijse

j-o-ná-n: desear

j-o-naná-n: sentir

j-o-ndmaná-n: envolverse

j-o-ngmëmnayá-n: preocuparse, condolerse

j-o-nguefjwá-n: volar

j-o-ngwangwá-n: buscar algo para uno

j-o-ntješeyá-n: mirar

j-o-ntsënguënjá-n: dar saltos

j-o-ntša-bwameñá-n: comprar algo de las manos de otro

j-o-ntšá-n: principiar, iniciar

j-o-ntša-shjangwá-n: llegarle algo a las manos

j-o-ntšenÿayá-n: dejar algo en manos de otro

j-o-nÿená-n: encontrar

j-o-ñaboyá-n: atrapar a varios

j-o-paborá-n: favorecerse

j-o-parejá-n: realizarse

j-o-pasá-n: suceder

j-o-pasaná-n: suceder comúnmente

* **j-o-plumaná-n:** emplumar

j-o-podiá-n: poder

j-o-sasá-n: ulcerar

* **José:** José

***j-o-sentiá-n:** sentirse

j-o-serbiá-n: prestar servicio

j-o-smayá-n: cargar

jostisio: alguacil inferior del cabildo

j-o-shachá-n: sobrevenirle de improviso alguna enfermedad

j-o-shachená-n: haber tiempo para resolver algún asunto

j-o-shacheñá-n: coger algo para uno

j-o-shamentšá-n: arrodillarse

j-o-shkwaná-n: ir y volver habitualmente, dar vueltas habitualmente

j-o-shja-bwertaná-n: dar vueltas en el patio

j-o-shkoná-n: ir y volver

j-o-shmá-n: poner huevo la gallina, parir

j-o-šbwachená-n: ver a una persona

j-o-šbwacheyá-n: tener esperanza de algo

j-o-tbayá-n: agarrar

j-o-tĕchetš-botá-n: recibir un golpe en una caída al pie de un árbol o de una casa

j-o-tĕmbá-n: reconocer

j-o-tjajwá-n: correr

j-o-tjañá-n: pedir algo para uno

j-o-tjayaná-n: enfadarse

j-o-tjĕmbambayá-n: pasear

j-o-toká-n: corresponderle parte de una cosa que se distribuye

j-o-tombá-n: echarse de bruces

j-o-tsatšá-n: caer al vacío

j-o-tsayá-n: ponerse de pie

j-o-tsbaná-n: levantarse

j-o-tšá-n: perderse

j-o-tšetayá-n: sobrevenirle algo de improviso

j-o-tšetnañá-n: dar con frecuencia

j-o-tšëmboná-n: convocar

j-o-wená-n: oír

j-o-yatšëmbwá-n: rehusar

j-o-ye-bmwaná-n: tragar saliva o comida

j-o-yebwambayá-n: hablar

j-o-yejwá-n: alegrarse

j-o-yená-n: vivir

j-o-yengwangwá-n: insultar

j-o-yenÿená-n: inducir al error

j-o-yeunayá-n: hacer caso

j-o-ytaná-n: esconderse

j-sh-a-bwayená-n: aconsejar o avisar previamente

j-sh-a-shbwá-n: cazar o degollar previamente

j-sh-e-nÿá-n: ver previamente

j-t-a-boná-n: expulsar

j-t-a-chebiashëngwá-n: regresar de un viaje

j-t-a-mbá-n: volver a llevar

j-t-a-n: regresar

j-t-a-ngwangwá-n: volver a buscar

j-t-a-shjangwá-n: volver a llegar

j-t-a-tsbaná-n: volver a levantar

j-t-a-wenayá-n: volver a informar

j-t-a-yená-n: revivir

j-t-a-y-s-e-bokná-n: volver a salir al mismo lugar

j-t-e-s-a-shjajná-n: volver a llegar varios

j-t-ë-t-a-tsaná-n: volver a estar de pie una y otra vez

j-t-ë-t-ontšá-n: volver a principiar una y otra vez

j-t-ë-t-tsbaná-n: volver a levantarse una y otra vez

j-t-i-s-á-n: volver al mismo lugar

j-t-i-s-a-ná-n: andar otra vez por el mismo lugar

j-t-i-s-a-shjangwá-n: volver a llegar al mismo lugar

j-t-i-s-tsbanañá-n: volver a levantarse de un lugar

j-t-i-s-oñá-n: volver al mismo lugar

j-t-o-bochá-n: volver a crecer

j-t-o-chwayá-n: volver a agradecer

j-ts-a-bamná-n: tener varios seres

j-ts-a-bekonayá-n: estar aproximándose

j-ts-a-bokaná-n: estar sacando

j-ts-a-botaná-n: estar menospreciando

j-ts-a-bowenÿnayá-n: estar acordándose

j-ts-a-boyá-n: estar viniendo

j-ts-a-boyejwaná-n: estar burlándose

j-ts-a-bwawañá-n: estar en ebullición continua

j-ts-a-bwayajwaná-n: estar burlándose de varias personas

j-ts-a-chnujwaná-n: estar pasando

j-ts-a-fjajoñá-n: permanecer siempre un depósito de agua

j-ts-a-ftkoyá-n: estar picoteando

j-ts-a-jamná-n: estar sobrando

j-ts-a-jná-n: estar andando varios

j-ts-a-jonÿaná-n: estar prendido

j-ts-a-jutsñá-n: estar encima

j-ts-a-kmená-n: estar persiguiendo

j-ts-a-lkantsaná-n: estar sirviéndose bebida

j-ts-a-maná-n: descansar con el sueño

j-ts-a-mbayá-n: estar llevando

j-ts-a-nguëtšaná-n: estar percibiendo un olor

j-ts-a-ntsënguënjñá-n: ser hábil en dar saltos

j-ts-a-ntsaboŝá-n: estar deseando algo de otra persona

j-ts-a-ntsenÿená-n: estar viendo alguna cosa de otra persona

j-ts-a-ñemoná-n: estar animándose

j-ts-a-ordenayá-n: estar mandando

j-ts-a sachënjnayá-n: estar azotando un objeto

j-ts-a-s-ë-shkoñá-n: regresarse espontáneamente

j-ts-a-sjayá-n: estar jalando

j-ts-a-stá-n: seguir a alguien intempestivamente

j-ts-a-storbaná-n: estar estorbando

j-ts-a-shub-wenaná-n: estar haciendo ruido en el agua

j-ts-a-shëbwanayá-n: estar cazando varios animales continuamente

j-ts-a-t-a-juchetotjñá-n: estar colgada la ropa de los palos

j-ts-a-tsubkjaña-n: haber cosas sobre la superficie del agua

j-ts-a-t-a-kjañá-n: estar guardadas las cosas sin uso

j-ts-a-t-a-stjajwaná-n: estar bajando de regreso

j-ts-a-t-ayá-n: estar de regreso

j-ts-a-t-boña-n: venirse de regreso

j-ts-a-t-chañá-n: huir de modo espontáneo

j-ts-a-tbwangá-n: ruborizarse

j-ts-a-tëshenÿaná-n: estar clareando el día

j-ts-a-tmá-n: estar amañado

j-ts-a-t-o-tëkjañá-n: curarse

j-ts-a-t-oñá-n: irse de regreso

j-ts-a-tsayá-n: estar diciéndole

j-ts-a-tsejbená-n: estar inclinado

j-ts-a-tsëtsnayá-n: estar hablando familiarmente con otra persona

j-ts-a-ts-jajoná-n: estar tendido en el suelo

j-ts-a-wenatjëmbambaná-n: estar desapareciendo a cierta distancia

j-ts-a-yambañá-n: llevar alguna cosa por cuenta de uno

j-ts-a-yayá-n: tener aversión hacia una persona

j-ts-a-yebwambnayá-n: estar dedicando con palabras a alguien

j-ts-a-yénaná-n: haber huellas del pie

j-ts-a-y-wa-bwá-tjanañá-n: estar andando en solicitud de agua

j-ts-e-b-natsaná-n: estar andando delante de otra persona

j-ts-e-bubwá-n: agriarse

j-ts-e-bwatsješná-n: estar mirando fijamente una cosa

j-ts-e-bwatsjwayá-n: estar sacando agua

j-ts-e-chamwá-n: estar diciendo

j-ts-e-jwesá-n: dispararle, tronar de repente

j-ts-e-këkjnayá-n: estar colocando varias cosas

j-ts-e-koshufjaná-n: estar germinando maíz

j-ts-e-mná-n: estar presente

j-ts-e-n-a-bo-wamná-n: mantenerse con otra persona

j-ts-e-natjëmbambaná-n: estar desapareciendo habitualmente

j-ts-e-natsetsnayá-n: hacer caminar a alguien delante de otros

j-ts-e-n-a-tšetayá-n: donarse algo en cierta circunstancia

j-ts-e-ndmananá-n: estar envuelto en alguna cosa

j-ts-e-n-o-mëntjë-bweškjnayá-n: estar echándose agua en las piernas

j-ts-e-n-o-ngmëmnayá-n: estar preocupándose por algo

j-ts-e-n-o-ytaná-n: suicidarse

j-ts-e-ntšená-n: estar actuando

j-ts-e-n-watjayá-n: estar portándose mal

j-ts-e-nÿaná-n: estar encontrando

j-ts-e-nÿënjnayá-n: trasladarse rápidamente de un lugar a otro

j-ts-e-pasayá-n: estar sucediéndole

j-ts-e-pochokayá-n: estar terminando

j-ts-e-sayá-n: estar comiendo

j-ts-e-šoká-n: estar enfermo

j-ts-e-shëntsaná-n: haber señales en el huevo incubado para salir el pollo del cascarón

j-ts-e-tabená-n: arrancarse

j-ts-e-tatsëmbwá-n: estar informado de alguna cosa

j-a-tatsëmbwá-n: tener informes de algo

j-ts-e-tjamianá-n: estar defecando

j-ts-e-tjanayá-n: estar preguntando

j-ts-e-tjëmbambnayá-n: estar acompañando

j-ts-e-tkëkjaná-n: estar cayendo cosas de lo alto

j-ts-e-yautsayá-n: estar introduciendo algo en la boca de otro ser

j-ts-e-y-boyá-n: estar trayendo algo

j-ts-e-y-tëtaná-n: estar necesitándose algo

j-ts-ë-kamená-n: estar persiguiendo a varios

j-ts-ë-mashëjwaná-n: estar entrando a varias personas en la sala

j-ts-ë-mná-n: estar manteniendo a varios

j-ts-ë-stoná-n: estar siguiendo a alguien

j-ts-ë-shejajwaná-n: estar llegando con varios

j-ts-ë-shkwaná-n: estar dando vueltas

j-ts-ë-tbwa-bentá-n: arrojar algo al abismo

j-ts-ë-tsayá-n: estar diciéndoles

j-ts-ë-wantaná-n: estar disimulando a alguien o tenerle paciencia

j-ts-iená-n: estar habitando

j-ts-o-bckwá-n: estar acercándose el tiempo

j-ts-o-bemá-n: metamorfosearse

j-ts-o-biamnayá-n: metamorfosearse continuamente

j-ts-o-bokaná-n: estar saliendo algo

j-ts-o-bomñá-n: tener algo habitualmente

j-ts-o-bonjnayá-n: estar moviéndose

j-ts-o-bo-parejañá-n: tener todo

j-ts-o-bwa-watjá-n: estar admirando un determinado lugar o a una persona

j-ts-o-bwertaná-n: estar girando

j-ts-o-fchayá-n: reírse de improviso

j-ts-o-jakeñá-n: estar sentado

j-ts-o-jenachá-n: morirse

j-ts-o-jwaná-n: retirarse en cualquier momento

j-o-jwaná-n: retirarse

j-ts-o-jwenskaná-n: sobresaltarse

j-ts-o-knayá-n: estar con sueño

j-ts-o-kñá-n: coger algo que le pertenezca

j-ts-o-mñá-n: ser siempre el mismo

j-ts-o-mosekañá-n: estar haciendo música

j-ts-o-ngmeñá-n: estar triste

j-ts-o-nÿayá-n: estar viendo

j-ts-o-ñá-n: irse

j-ts-o-prontayá-n: estar alistándose

j-t-s-o-sañá-n: comérselo

j-ts-o-serbená-n: estar prestando servicio

j-ts-o-sombranayá-n: estar haciendo sombra

j-ts-o-storbaná-n: estar estorbando

j-ts-o-shu-botnayá-n: estar dando golpes en el agua

j-ts-o-šachcyú-n: estar llorando

j-ts-o-šbwachiá-n: estar esperanzado

j-ts-o-tjamiañá-n: estar defecando normalmente

j-ts-o-tšaná-n: estar perdiéndose

j-ts-o-yebwambnayá-n: estar hablando

j-ts-wenañá-n: estar escuchando

j-u-bwakná-n: sacar varios animales o personas

j-u-bwa-tšatayá-n: dar agua a varias personas

j-u-kamená-n: perseguir a varios

j-u-natsá-n: llevar a varios

* juramento: juramento

jushañ: rendija

j-u-shbiá-n: faltarle

j-u-shebuká-n: servir chicha a varios

j-u-shjangwá-n: llegar con alguna cosa o con alguien

j-u-shtëtšá-n: salir el pollo del cascarón

j-u-tamiá-n: encerrar a alguien

j-u-tsjanjá-n: apalear

jutsnashá: cama

j-u-tšená-n: arrojar

j-u-wantá-n: tenerle paciencia

j-u-wantaná-n: soportar defectos de otra persona

j-u-yambá-n: llevar cosas

j-u-yentšamiá-n: prestar cosas a varias personas

j-wa-batsëká-n: atar algo en un recipiente

j-wa-bayá-n: poner nombre

j-wa-bayná-n: tener nombre

j-wa-bchká-n: brotar un líquido

j-wa-bchkaná-n: brotar un líquido en varias partes

j-wa-bémbená-n: tener hija

j-wa-bešë-ntsakjwá-n: atar la cabeza

j-wa-beš-tsjanganjá-n: apalear la cabeza varias veces

j-wa-binÿná-n: divisar

j-wa-b-jajoná-n: haber agua en un recipiente

j-wa-b-jajwá-n: enlagunar

j-o-b-kwakwayá-n: chupar

j-wa-bmuchtëtsetšá-n: despuntar la germinación

jwabna: pensamiento

j-wa-bo-bayná-n: tenerle por nombre

j-wa-bojojoná-n: construir vivienda

j-wa-boká-n: quitarle alguna cosa

j-wa-bokná-n: sacar algo

j-wa-bonjayá-n: cubrirse con una manta

j-wa-bonjwá-n: temblar la tierra

j-wa-bonjnayá-n: moverse continuamente

j-wa-bosaná-n: dejar de hervir

j-wa-botá-n: desafiar, dar golpes en el suelo con los pies

j-wa-bo-wamná-n: mantener a alguien con alimentos

j-wa-boyayá-n: tener paciencia en las atenciones de comida y bebida

j-wa-bo-yenÿená-n: calumniar a alguien

j-wa-bsminÿná-n: germinar

j-wa-bwajwá-n: guardar algo para otro

j-wa-bwambaná-n: ofrecer

j-wa-bwameñá-n: comprar algo para uno o para otro

j-wa-bwá-n: cocinar

j-wa-b-washaná-n: regar agua

j-wa-b-watjañá-n: pedir agua

j-wa-bwatmá-n: conocer

j-wa-bwatmaná-n: acabar de conocer

j-wa-bwawá-n: hervir

j-wa-bwawaná-n: hervir cosas durante horas

j-wa-bwešnená-n: tener puestos los alimentos en una vasija de barro o de metal en el fogón

j-wa-chabwa-shkwaná-n: dar vueltas alrededor de alguna cosa

jwachentšañ: cogote

j-wa-chwánaná-n: presagiar

j-wa-jabotá-n: necesitar

j-wa-jabwachá-n: ayudar

j-wa-jatayá-n: compartir

j-wa-jonayá-n: coser

j-wa-jwatšiá-n: servir comida

j-wa-j-a-tká-n: partir

j-wa-jkwa-n: envolver

j-wa-jkëshá-n: esparcir

j-wa-jochutjwá-n: encabar

j-wa-jwentš-bokná-n: salirle algo en la frente

j-wa-ká-n: coger algo

j-wa-kaná-n: ser retribuido por un trabajo en una minga

j-wa-kakaná-n: reprender

j-wa-kmeyá-n: perseguir

jwakó: tiesto

j-wa-ksasá-n: comer choclo los animales

j-wa-kwakwá-n: fumar

j-wa-lmorsá-n: almorzar

j-wa-maná-n: saber

j-wa-mánaná-n: poner precio

j-wa-mbá-n: llevar

j wa mëntsá n: cansarse

j-wa-mná-n: mantener

j-wa-natsá-n: llevar a alguien

j-wa-ngchká-n: reventar

j-wa-ngchkaná-n: reventar varias veces

j-wa-ngmená-n: preocuparse por realizar algún trabajo

j-wa-ntšabošá-n: desear alguna cosa de otra persona

j-wa-ntšaboté-n: rechazar

j-wa-ntšamiá-n: prestar

j-wa-ntša-tëntšená-n: arrebatar con violencia

j-wa-ntšenÿá-n: ver algo en otra persona

j-wa-ntšetá-n: dar bofetadas

j-wa-ñeñá-n: atizar, prender una vela

j-wa-probá-n: hacer participar algo

j-wa-satbwajtšiá-n: represar

j-wa-skunjá-n: patear alguna cosa

j-wa-stá-n: seguir a alguien

j-wa-stswamná-n: tener lleno el estómago

j-wa-shabwayá-n: resguardarse de la lluvia

j-wa-shantsá-n: morder

j-wa-shawetša-n: construir viviendas cercanas

j-wa-shbiá-n: hacer faltar alguna cosa a alguien

j-wa-shechayá-n: ceñirse la cabeza

j-wa-shekwá-n: tener pie

j-wa-shekwa-stá-n: seguir los pasos

j-wa-shëntsá-n: sembrar maíz

j-wa-shjachá-n: alcanzarle alguna cosa

j-wa-šbwachiá-n: tener esperanza de alguien

j-wa-šniá-n: colocar la olla con comida en el fogón para su cocción

j-wa-tabiá-n: participar a otro en coger algo

j-wa-tajwá-n: arrastrar cosas por la corriente de agua

j-wa-tatšená-n: salir con precipitación

j-wa-tbontsá-n: sepultar

j-wa-tënguëntsá-n: mascar

j-wa-tëntšiá-n: llevar un animal del cabestro

j-wa-tersiá-n: ponerse el rebozo atravesado diagonalmente en el cuerpo

j-wa-tmaná-n: amañarse

j-wa-tjayá-n: pedir préstamo

j-wa-tsaná-n: comparecer con otra persona ante una oficina u otro lugar

jwatsb-oka: encima de

jwatsb-oy: hacia la parte alta

j-wa-tswa-mná-n: haber gente en una casa o cosas en el interior de algo

j-wa-tsëtsayá-n: hablar a alguien

j-wa-tšená-n: arrojarse

j-wa-ye-partiá-n: cooperar con el éxito de alguien

j-we-b-utšená-n: arrojarle

j-we-b-wanÿayá-n: asecharle

j-we-chmwá-n: enviar algo

j-we-naná-n: sonar

j-we-natjëmbá-n: desaparecer

j-we-nayá-n: informar

jwendía: parásita (planta)

j-we-nÿená-n: encontrar algo

jwesanán: disparo

jwesanëšá: cerbatana

jwesbomná: consciente

* **jwesio:** juicio

j-we-tswetjwá-n: chorrear

j-we-tswetjwaná-n: chorrear permanentemente

K

kabá: aún

ka-bëng: indígena

* **kabildo:** cabildo

* **kabsa:** causa

ka-cha-k: tu mismo, misma

ka-chenach: mismo lugar

ka-chor: al instante

kach ndoñ: tampoco

kachës: de mañana

ka-chíñ: otra vez

ka-chka-nak: por si acaso

kach nÿetšá: expresión de "saludo cortés" cuando se encuentran dos familiares o amigos. En español significa: ¿cómo estás?

ka-choka: allá mismo

ka-choy: hacia allá mismo

* **kada:** cada

* **kadenëjwá:** cadena

kakán: crudo, cruda

kamna nÿetšá: pubertad

ka-muentš: aquí mismo

kanta: cuatro

kánÿe: uno

kanÿ-na: en una ocasión

kanÿ-oy-ka: de un lado

kardádo: dádiva

* **kaserá:** casera

* **kasero:** casero

* **kasi:** casi

* **kaskajo:** cascajo

kastellán: oro

* **kastiganá:** castigado

* **kastigo:** castigo

katá: marido y mujer

katatoy: recíprocamente, a diestra y siniestra

katšat: hermanos varones

katšbet: plenilunio

katšbi-oy: hacia la derecha

* **kausa:** causa

ke-mwá (enfático): éste, ésta

këbsero: parte alta, norte

kënÿe: solamente

keš: perro, perra

* **klas:** clase

kochaš: pecho

kochen: cochino, cochina

* **kodisioso:** ambicioso

kokwán: pava de monte

kolek: clueca

* **komisión:** comisión

* **kompadre:** compadre

* **kompañerá:** compañera

* **kompañero:** compañero

konbidaná: invitado, invitada

* **konfirmaná:** confirmado, confirmada
* **konfirmasión:** confirmación
* **konforme:** conforme
* **konswelo:** consuelo
* **kontad:** contado, contada
kontsagradentš: lugar sagrado
korente: bien
* **koronëshá:** corona
* **kortesio:** cortesía
kostillufja: costilla
koshufja: aguja
kotš: cerdo
koway: caballo
kreatura: criatura
krëschán: cristiano
krosenán: dinero
kukwatš: mano
* **kulpa:** culpa
kuñeñán: candente
kwa mëntšá: así pues
kwashaj: totuma
kwasha jwá: totuma de chicha
kwash-biá: totuma llena de alguna cosa
kwash-tem: totuma pequeña
kwentayá: narrador, narradora
* **kwerpo:** cuerpo

L

labran: labrado, labrada
lachabiá: trapo
* **ladrón:** ladrón
Lajs Mamitá: Virgen de Las Lajas
***langosta:** langosta
lantsayá: danzante
lantsëšá: lanza
laora: pronto
* **lastem:** lástima

lempe: todo, toda
* **loma:** loma
lwar: lugar

M

* **mal:** mal
* **mala:** mala
* **malesiayá:** malicioso
malesión: maldición
mallajt: gran cantidad
mandad: gobernador
* **mansebado:** amancebado, amancebada
Manay: río Titango
mantensión: subsistencia
* **más:** más
maske: aun cuando, no importa
mashak-tíe: árbol de lulo
mat: planta, mata
matbë-bé: olla pequeña de barro
mats: maíz
matskwaš: oreja
mayo: porfía
* **mayor:** mayor
maytrë: maestro, perito
* **medio:** medio
melmón: rizado
* **memoria:** memoria
mengay: minga
menÿeká: manteca
* **meresido:** merecido
meseto: gato
meštomb: mesa
mëmaš: chucha
mën-sté: hoy día
mënskoñ: hasta el presente
mëntšá: así
mëntšén: carne

mëtëtšén: matachín
mëtškway: culebra
* **mientras:** mientras
* **ministro:** ministro
mo: como
mobën: pronto
moján: por aquí
móka: acá
moka-na: desde acá
mongoj: venado
mora: ahora
mor-ko-kayé: ahora sí
morsë: ahora pues
* **moseká:** música
mošeñan: una de la tarde
* **mulá:** mula
mu-nga: éstos, éstas
mwá: éste, ésta
mwana: esto
mwentšán: desde aquí

N

natjëmban: tranquilidad
natsán: antes, delante
ndá: quien
ndayá: que sucede
ndaya-m: para qué
ndayek: por qué
ndaye-nache: cualquier parte
ndayentš: donde
ndeolpe: de repente
nderado: de vez en cuando
* **nderech:** derecho
ndespagracho: gracias
* **ndespués:** después
ndetšbé: piedra
ndëjwabnay: sin pensar
ndmwá: quien

ndmwanÿe: cualquier
ndmwa-ma: para qué
ndok: a lo mejor
ndoká: nada, no pasa nada
ndoknentš: de ninguna manera
ndoñ: no
ndwawenaná: sordo
ndwenÿná: desconocido
ngmenán: pena
ngna-té: en este día
ngnentš: en este lugar
nguëšëšbé: nariz
nguëtsaš: pico
ngweche: barro
* **ni:** ni
niñ-be: pedazo de madera
niñëš: madera
niñufja: vara delgada
* **notisio:** noticia
ntsachetšá: cuánto, cuánta
ntsekoñ: hasta donde
ntsekwán: hasta cuando
ntsoy: cusumbo o coatí
ntšam-nak-sa: como se pueda
ntšamo: cómo
ntšbonén: sopa de maíz
nÿa: pues
nÿaná: otro, otra
nÿe: solamente
nÿe-té: pasado mañana
nÿetián: a los dos días
nÿets: todo, toda
nÿetstó: mediodía
nÿetšá: no más
Nÿoš (vocablo arcaico): Dios

Ñ

ñemalo: animal

O

obaná: muerto, muerta
obanayán: matanza
obëjem: bobito
obiamnayá: aparentador
obiangayá: gallina joven próxima a poner huevo
* obligado: obligado, obligada
* obligasión: obligación
obwamnañá: comprador
obwawatján: expectativa
ochbaná: ahijado, ahijada
ochban mamá: madrina
ochban taytá: padrino
ocheshá: buche
ochmáfja: espina
ochwaná: agradecido
ofjaná: invitado, invitada
ofšená: ebrio, ebria
* oído: oído
* ojalá: ojalá
ojamnán: residuo
ojatay-ok: sitio de la cosecha
* okasión: ocasión
oknayán: sueño
* ombre: hombre
oná: deseoso
ondebiayá: ladrón
ontsënjan: brinco
onÿaíñ: zona tropical
oñubón: puñado
* ora: hora
ordemalo: gracioso
otšanán: pérdida
oyanayán: ladrido
oyejwayá: contento, contenta
oyená: habitante
oyenanëjan: huellas del pie

oyen-entš: en la vivienda
oyen-oy: hacia la vivienda

P

* padre: padre
* palabra: palabra
* palankëš: palanca
* paloma: paloma
* palta: falta
pamillo: familiar
parejo: juntos
paresido: elegante
parlo: cuento
* part: parte
* pasentsian: paciencia
* pastusoi: pastuso
* patrón: patrón
* pekador: pecador
* peor: peor
* perdón: perdón
* pero: pero
* persona: persona
pererëj: látigo
Pigro: Pedro
plautufja: flauta
* plechufjwá: flecha
* plumëshá: plumas
* pobre: pobre
* poderoso: poderoso
podesk: groseramente
* polbo: polvo
* popayanejo: popayanejo
* porke: porque
* posado: posada
* preso: preso
* primeramente: primeramente
* primo: primo
pwerte: fuertemente

pwertián: ásperamente
* pwesto: puesto

R

* rabia: rabia
ral: plata
* rato: rato
* rayo: rayo
* remedio: remedio
* respeto: respeto
* rey: rey
* rwido: ruido

S

sachamat kwashaj: totuma redonda
saká: pues
* sakramento: sacramento
* salud, saludo: salud, saludo
saná: comida
* San Pedro: San Pedro
santopes: ciempiés
sasná: comestible
sbaruko: canasto
sebiá: extremo, punta
sebi-oka: en el extremo
sebollës: cebolla
selo: cielo
* semán: semana
* señor: señor
*serto: cierto
sëchbomá: perezoso, perezosa
* silensio: silencio
* sin: sin
* sino: sino
* sklerëšá: escalera
* sobrén: sobrino
* solamente: solamente

* solterá: soltero, soltera
soltera-yako: Solterayaco ("yaco" en inga significa "quebrada o río": "quebrada de la soltera")
* sombra: sombra
soy: vez, cosa
stëtšoy: hacia atrás
stëtšoy-ka: detrás de la espalda
stjón: pendiente
stombwá: miserable
stonoy: detrás
* swert: suerte

SH

shabwangwanujwá: cusma de tela
shachbuy: lágrima
shachën bnëtsan: cincuenta
sháchna: respiración, cinco
shajbé: pepino
shajwán: frijol, fruta
shakwan: yerba
shbwayá: cazador, perro
sheknaj: jigra
shekwatš: pie
shem: mujer
shem-basá: niña, mujer
shenÿa-ka: pie de la tulpa
shewajwá: espiga de maíz
shëmnëbé: huevo
shengmanufj: horqueta
shëntsá: cuerdo, cuerda
shëntsán: hambre
shjok: fuera
shkonán: contorno
shloftš: ave
shufta: uvilla

Š

šenjanabé: tambor
šëše: caña
šešón: bebé
šéšá: planta de maíz
škená: persona de raza blanca
šmén: maíz tostado
šokán: enfermedad
šufjatš: pantorrilla

T

taban-entš: en el pueblo
tabáno: tábano
* **talbes:** tal vez
tamnán: delicioso
tamó: sal
tanguá: viejo
tatšembwá: médico tradicional
taytá: padre
¡taytéko!: ¡Dios mío!
* **tbako:** tabaco
tboy: hacia el abismo
té: día
* **tempo:** tiempo
temp-skán: desde hace tiempos
tersiadëja: machete
testéo: poco, testigo
tetieš: chilacuán
tësmá: sordo, sorda
tëshángan: candente
tëshenyán: comienzo de la claridad del día
tjá: monte
tjanjaná: azotado
tj-oka: en el monte
tj-oy: hacia el monte
tmnoyán: bebida

tmoy-entše: lugar de bebida
tobiaš: mujer joven
tonday: nada
tontíado: inconsciente
* **tortolet:** tórtola
* **trabajayá:** trabajador, trabajadora
* **trabajo:** trabajo
twamba: gallina

TS

tšabá: bien
tšabe: bueno, buena
tsacha-ñe: orilla
tsafjoy: cocina
tsañ: sala
tsbanán: alto, alta
tsbanan-oy: hacia lo alto
tsbo-ka: en la superficie de agua
tsbwanach: hoja
tsëjas: hocico
tsëm: nuevo, nueva
tsëman: abajo
tšematš: choclo
tšematš-oy: hacia el lugar de los choclos
tsëmbe: fríjol
Tsëmbey-oy: hacia el Poroto
tšëmbiejwá: planta de fríjol
tšengafta-nga: vosotros
tsëntsa: mitad
tsëntsa-jan: en medio de
tsenuko: mocho (loro de zona templada)
tsëšian: de color amarillo
tsësíy: amarillo
tsëtšá: ají
tsetšán: dolor
tsjatšet: ave de ciénaga

tsjwán: arriba
ts-oka: interior de la casa
tšombiach: chumbe
ts-oy: hacia el interior de la casa
tstená: trasnochado, trasnochada

U

* **ultim:** último
* **ultimamente:** últimamente
unachayá: guía
unga: tres
ungatián: tres días
ustonán: seguimiento
uta: dos
uta-ta-bé: dos a dos
utbenán: hilera
utsjanjanán: paliza
utšetnayá: donante

W

wabá: glotón
wabayná: bautizado
wabayanán: bautismo
wabentsá: hermano o hermana menor
wabmuchtkoyán: despuntadura
wabochená: hermano o hermana mayor
wabon: aspecto
wabonjnaíñ: temblor de tierra
wabonsnanëšá: campana
wabowán: horrible
wabsbiá: vientre
wabtén: lluvia
wabwambayá: ofrecedor, ofrecedora
wabwanán: cocido, cocida
wabwanayá: cocinero, cocinera
wabwatmá: conocedor, conocedora

wabweñëšá: morcilla
wachwán: admirable
wafjajonay: laguna
wafjantsëjwá: tela blanca
wajabotá: necesitado, necesitada
wajabotán: necesidad
wajajonëshá: nido
wajwendayán: sed
wakiñá: hijo
waknwá: bovino, bovina
wáman: sagrado
wámaná: respetable
wamben mamá: suegra
wamben taytá: suegro
wamëntšená: cansado, cansada, carnudo, carnuda
wamná: criador
wanguefjwá: volátil
wanguëtšán: oloroso, olorosa
wangwán: abono
wantad: paciente
wantanán: paciencia
wantšbwaná: persona que lleva un adorno en el cuello
wañekway: izquierdo
wardasión: guardaespaldas
warko: balanza
wasëngbé: testículo
waskwatsëjwa: cola
wasmaná: cargado, cargada
wasnaná: ceñida la cintura
wáshantsan: mordedura
washekwá: que tiene pie
washëntsayá: sembrador o sembradora de maíz
washëntsay-oy: hacia el campo de siembra de maíz
washensní-ñe: campo sembrado de maíz

washmëmá: ponedora
wat: año
watënguëntsayán: masa para masticar
watján: miedo
watjanayán: solicitud
watsëtsnayá: amigo, amiga
wayaná: odiado, odiada
wayashben: bocado
wayašá: boca
wayatamná: apetecedor, apetecedora
wenán: despacio

Y

yajwán: fuertemente
yap: demasiado
yayá: papá
yayek-na: por lo cual
yébuna: casa
yébun-oy: hacia la casa
yebway: saliva
yejabwachá: sostenedor, sostenedora
yembá: infiel
yendón: ardilla
yengó: arracacha
yentšá: persona, gente
yentša-ká: como persona
yentšayá: ropa
yentšjwá: tela
yerufja: varilla de hierro
yoyán: gritería

Vocabulario español-kamëntšá

A

abajo: tsëmán
aberturas de la tierra: jatane-nache
abismo: tboy
abono: wangwan
acá: moka
acabar: j-a-pochoká-n
acabar de conocer: j-wa-bwatmaná-n
aceptar: j-o-yeunayá-n
acercarse: j-o-bekoná-n
acompañar: j-a-tjëmbambayá-n
acompañarse: j-e-n-tjëmbambayá-n
aconsejar: j-a-bwayená-n
aconsejar previamente:
  j-sh-a-bwayená-n
acostarse: j-o-jajwá-n
acostarse en el patio: j-o-chash-
  jajwá-n
acostumbrar: * j-a-kostumbrá-n
acceder a una súplica:
  j-a-šbwachená-n
a diestra y siniestra: katatoy
admirable: wachwan
afrecho: * aprechësh
agarrar: j-o-tbayá-n

agarrar varias veces: j-e-shachechá-n
agradar comida: j-a-sa-sá-n
agradecer: j-o-chwayá-n
agradecer en determinado lugar:
  j-i-s-o-chwayá-n
agradecido: ochwaná
agravar una enfermedad:
  j-a-jabwachená-n
agriarse: j-ts-e-bubwá-n
agua: buycsh
aguardar: j-a-wardá-n
aguja: koshufja
ahijado: ochbaná
ahora: mora
ahora sí: mor-ko-kayë
ahora pues: morsë
ahuyentar: j-e-chamoyá-n
ajeno, ajena: ajen
ají: tsëtšá
alcanzar: j-o-lkantsá-n
alcanzar alguna cosa: j-wa-shjachá-n
alegrarse: j-o-yejwá-n
alguacil inferior del cabildo: jostisio
alimentarse: j-o-manteñá-n
al instante: ka-chora
alma: * alma

almorzar: * j-wa-lmorsá-n
a lo mejor: ndok
a los dos días: nÿetián
altar: * altar
alto, alta: tsbanán
allá: choka
allá mismo: ka-choka
allí: chentše
amancebado, amancebada:
    * mansebado
amanecer: j-a-binÿná-n
amanecer alguien: j-a-bo-binÿná-n
amanecer alguien habitualmente:
    j-a-bo-binÿaná-n
amañarse: j-wa-tmaná-n
amarillo: tsëšián
amarrado, amarrada: enaná
ambicioso: * kodisioso
amigo, amiga: watsëtsnayá
andar habitualmente: j-a-ná-n
andar otra vez por el mismo lugar:
    j-t-i-s-a-ná-n
andar varios: j-a-jná-n
andariego: aná
animal: ñemalo
antes: natsán
año: wat
apalear: j-u-tsjanjá-n
apalear la cabeza: j-wa-beš-tsjanjá-n
apalear la cabeza varias veces:
    j-wa-beš-tsjanganjá-n
aparentador: obiamnayá
apartarse uno del otro en un lugar:
    j-a-y-s-e-n-kedá-n
apersonarse: j-a-lesentsiá-n
apersonarse siempre: j-a-lesentsiayá-n
apetecedor, apetecedora: wayatamná
aplicar los remedios al enfermo:
    j-a-shná-n

aquí mismo: ka-mwentš
árbol: betíe
árbol de lulo: mashak-tíe
ardiente: tëshángan
ardilla: yendón
arracacha: yengó
arrancarse: j-a-tabená-n
arrancarse en cierto momento:
    j-ts-e-tabená-n
arrastrar cosas por la corriente:
    j-wa-tajwá-n
arreglado: *areglado
arrebatar algo con violencia:
    j-wa-ntša-tëntšená-n
arriba: tsjwán
arrodillarse: j-o-shamentšá-n
arrogante: bëtsëkná
arrojar: j-u-tšená-n
arrojarle algo: j-we-b-utšená-n
arrojarse: j-wa-tšená-n
arroz de maíz: aresmesh
asado, asada: bwanán
asecharle: j-we-b-wanÿayá-n
asentar: * j-a-sentá-n
así: chká, mëntšá
asimismo: ka-chká
así pues: kwa mëntšá
ásperamente: pwertián
atar: j-a-tsbwayá-n
atar la cabeza: j-wa-bešë-ntsakjwá-n
atar el cuello: j-a-bejengw-enayá-n
atar algo en un recipiente:
    j-wa-batsëká-n
atar en el cuello: j-a-tamoš-enayá-n
atar las manos por la espalda:
    j-a-bo-tšenayá-n
atención: empado
atizar: j-wa-ñeñá-n
atrapar a varios: j-o-ñaboyá-n

atrás: stonoy
a través de las huellas del pie:
  oyenanë-jan
atravesarse: j-e-n-a-nchentšá-n
atrayente: bošenán
atribuir una falta a otra persona:
  j-o-bwachá-n
aumentar: j-a-boté-n
aumentarse: j-e-n-o-boté-n
aún: kabá
aun cuando: maske
ausentarse: j-i-s-o-lwareñá-n
ave: shloftš
ave de ciénaga: tsjatšet
a ver: aber
averiguar: j-wa-notisiá-n
avergonzarse: j-e-n-watjá-n
avisar: j-o-bwambayá-n
¡ay!: ¡ay!
ayudar: j-wa-jabwachá-n
ayudar a varios: j-a-u-jabwachá-n
ayudar a varios de paso:
  j-ë-b-ts-jabwachá-n
ayudarse mutuamente:
  j-e-n-a-jabwachá-n
ayuno: ayunas
azotado, azotada: tjanjaná
azotar varias veces: j-a-chbonganjá-n
azotar a varios permanentemente:
  j-a-chebwanjnayá-n
azul: bchendán

B

bailar habitualmente: j-a-lantsayá-n
bajar: j-a-tsmá-n
bajo de estatura: bekwá
balanza: warko
Balsayaco: Balsayaco

bandolero: * bandolero
bañado, bañada: bebená
bañarse: j-o-bebiá-n
bañarse habitualmente:
  j-o-bebiayán-n
barro: ngwech
bastante: beká
bastón de mando: barufja
batea: bacheš
bautismo: wabayanán
bautizado: wabayná
bayeta: betiá
bebé: šešón
beber: j-o-bšiá-n
beber en cantidad: j-a-tëmwá-n
bebida: tmoyán
belleza: botamán
bendición: * bendisión
bendito: * bendito
bien: tšabá, korente
blanco, blanca: fshajants
bobito: obëjem
boca: wayašá
bocado: wayashben
bogotano: bogotillo
bola de tierra: fshants-bé
botar algo con violencia en algún
  lugar: j-i-s-a-ntša-utšená-n
bovino, bovina: wakná
brazo: bwakwatš
brinco: ontsënjan
brotar líquido en varias partes:
  j-wa-b-chkaná-n
buche: ocheshá
bueno, buena: tšabe
burlarse: j-e-n-ë-borlá-n
buscar: j-a-ngwangwá-n
buscar algo para uno:
  j-o-ngwangwá-n

C

caballo: koway
cabeza: beštsaš
cabildo: * kabildo
cadena: * kadenëjwá
caer al pie de un árbol o de una casa:
 j-o-tëche-tsatšá-n
caer al vacío: j-o-tsatšá-n
caerse en el monte: j-a-tja-shajayá-n
caer varias cosas o seres al vacío:
 j-a-tkëkjaná-n
calmar: j-a-tëkjá-n
calumniar a alguien:
 j-wa-bo-yenÿená-n
callejón: tsashenañ
cama: jutsnashá
cambiar: j-a-troká-n
caminar de prisa: j-o-chumwá-n
campana: wabontsnanëšá
campo sembrado de maíz:
 washëntsníñ
canasto: sbaruko
candente: kuñeñán
cansarse: j-wa-mëntšá-n
cantidad: chubta
caña: šëše
cara: jobiá
¡caray!: ¡aray!
carencia: palta
carne: mëntšén
carnudo, carnuda: wa-mëntšená
cargado, cargada: wasmaná
cargar: j-o-smayá-n
casa: yébuna
casarse: j-o-bowamayá-n
cascajo: * kaskajo
casera: kaserá
casero: kasero

castigado: kastiganá
castigo: kastéo
causa: * kábsa
causar hambre: j-e-shëntšená-n
causarse dolor: j-e-n-o-tsetšená-n
causarse gritos de dolor:
 j-e-n-o-yabojwá-n
cazador: shbwayá
cazar: j-a-shbwá-n
cazar a varios animales:
 j-a-shebwayá-n
cebolla: sebollës
cedro: batëchmës
celo: bouyán
ceñida la cintura: wasnaná
ceñirse la cabeza: j-wa-shechayá-n
cerbatana: jwesanëšá
cerca: bekoñ
cerca de: bekonán
cerdo: kotš
cesar: j-o-jbaná-n
chicha: bokoy
chilacuán: tetieš
chispa: * chispëja
choclo: tšematš
chorrear: j-we-tswetjwá-n
chorrear permanentemente:
 j-we-tswetjwaná-n
chorrera: * chorera
chucha: mëmaš
chumbe: tšombiach
chupar: j-o-b-kwakwayá-n
cielo: * selo
ciempiés: santopés
ciénaga: jatëntšañ
ciertas distancias: bën-ën-ok
cierto: serto
cincuenta: shachën bnëtsan
clarear el día: j-a-tshenÿná-n

claro de luna: fjabinÿen

clase: * klas

clueca: kulek

cocido, cocida: wabwanán

cocina: tsafjoy, wabwayoy

cocinar: j-wa-bwá-n

cocinero, cocinera: wabwanayá

cochino, cochina: kochen

coger algo: j-wa-ká-n

coger algo para uno:
j-o-kñá-n, j-o-shacheñá-n

coger algo para uno en un lugar:
j-ë-b-tsokñá-n

coger algo que le pertenezca:
j-ts-o-kñá-n

coger alguna cosa sin el
consentimiento del dueño:
j-ë-b-ts-e-bká-n

coger con las manos a un niño para
colocarlo en el pecho: j-o-chbayá-n

coger cosas sin el consentimiento
del dueño: j-e-b-jaká-n

coger en flagrante delito:
j-e-shachechiá-n

cogote: jwachentšáñ

col: beshá

cola: waskwatšëjwá

colaborarse: j-e-n-ë-chjangwá-n

colocar: * j-a-koloká-n

colocar algo para uno: j-o-bo-seorá-n

colocar la olla con comida en el fogón
para su cocción: j-wa-šniá-n

colocar objetos alrededor de
otra cosa: j-a-chabo-kjayá-n

colocar varias cosas: j-a-kjayá-n

comer: j-a-sá-n

comer choclo los animales:
j-wa-ksasá-n

comérselo: j-ts-o-sañá-n

comérselo allá: j-e-ts-o-sañá-n

comestible: sasná o sasnán

comida: saná

comienzo de la claridad del día:
tëshenÿá-n

comisión: * komisión

cómo: ntšam

¿cómo estás?: ¿kach nÿetša?
Saludo de cortesía cuando se
encuentran dos amigos o familiares
y se dan la mano

como se pueda: ntšam-nak-sa

compañera: * kompañerá

compañero, compañera: enutá

comparecer: j-a-lesentsiá-n

comparecer con otra persona ante
una oficina u otro lugar: j wa tsaná-n

compartir: j-wa-jatayá-n

completar: j-a-parejá-n

comprador: bwamnañá

comprar algo a otra persona:
j-o-ntša-bwameñá-n

comprar algo para uno:
j-o-bwameñá-n

confirmación: * konfirmasión

confirmado, confirmada:
* konfirmaná

conforme: * konforme

conocedor, conocedora: wabwatmá

conocer: j-wa-bwatmaná-n

consciente: jwesbomná

construir casa: j-a-jebwá-n

construir un rancho: j-a-tambwá-n

construir vivienda: j-wa-bojojoná-n

construir viviendas cercanas:
j-wa-shawetšá-n

consuelo: * konsuelo

contado, contada: kontad

contar: j-a-parlá-n

contento, contenta: oyejwayá

contestar: j-o-jwá-n

continuar caminando: j-a-ta-n

continuar el viaje por su propia cuenta: j-a-t-o-ñá-n

contorno: shkonán

convenir: j-e-n-o-yeunayá-n

convertir en tierra: j-a-fshantsá-n

convocar: j-o-tšëmboná-n

cooperar con el éxito de alguien: j-wa-yepartiá-n

corazón: aynán

corona: koronëshá

cortar con la dentadura la cuerda de amarre: j-e-n-a-jabatëntsá-n

cortesía: *kortesio

correr: j-o-tjajwá-n

correr el agua crecida con trozos de tierra erosionada: j-a-b-sha-tajwá-n

correr el río: j-o-bujná-n

correr entre varios: j-e-n-a-kmeyá-n

corresponder parte de una cosa que se distribuye: j-o-toká-n

cosechar: j-o-jatá-n

coser: j-wa-jonayá-n

costilla: * kostillufja

crecer una quebrada o un río: j-o-b-tsjwá-n, jobtjangwan

criador: wamná

criatura: * kreatura

cristiano: krëschán

crudo, cruda: kakán

cualquier: ndmwanÿe

cualquier parte: ndaye- nache

cuanto, cuanta: bweta, ntsachetšá

cuatro: kanta

cubrir: j-wa-shabwayá-n

cubrirse con una manta: j-wa-bonjayá-n

cuello: bejëngwaj

cuento: parlo

cuerdo, cuerda: shëntsá

cuerpo: * kwerpo

cuidar: j-a-kwedá-n

cuidar la vivienda: j-a-shanÿá-n

culebra: mëtškway

culpa: * kulpa

cumplir: * j-o-kompliá-n

curarse: j-ts-a-t-o-tëkjañá-n

cusma de tela: shabwangwanujwá

cusumbo o coatí: ntsoy

D

dádiva: kardado

danzante: lantsayá

dar algo: j-a-kardadá-n

dar algo de paso: j-a-y-s-a-tšetayá-n

dar con aprecio: j-o-bemañá-n

dar cuenta de todo algún día: j-ma-y-s-a-na-tšetayá-n

dar de comer: j-a-sa-sá-n

dar a varios: j-o-bia-mañá-n

dar agua a varias personas: j-u-bwa-tšatayá-n

dar bofetadas: j-wa-ntšetá-n

dar saltos: j-o-ntsënguënjá-n

dar vueltas: j-o-bwertaná-n

dar vueltas al contorno de alguna cosa: j-wa-chabwa-shkwaná-n

dar vueltas en el patio: j-o-shja-bwertaná-n

dar vueltas habitualmente: j-o-shkwaná-n

debajo de un recipiente: jastšoy

debilitarse: j-a-bo-tëkja-n

decir: j-a-yaná-n
decirle: j-a-u-yaná-n
decirse mutuamente: j-e-n-yaná-n
de día: bënë-té
dedo del pie: jëntšafja
defecar: j-a-tjamiá-n
defecar habitualmente: j-a-tjamianá-n
defender: j-o-bouyaná-n
degollar: j-a-shbwá-n
de inmediato: ka-chor
dejar: j-a-boshjoná-n
dejar algo en manos de otro:
    j-o-ntše-nÿayá-n
dejar a varios en un lugar:
    j-ë-b-ts-a-bashejwaná-n
dejar de hervir: j-wa-bosaná-n
delicado: * delikado
delicioso: tamnán
delito: * delit
de mañana: kachës
demasiado: yap
de mí: atš-be
demora: bën
dentro de una demora: bënënskos
de otro lado: inÿ-oy-ka
depositar: * j-a-depositá-n
de pronto: derado
derecho: * nderech
de repente: ndeolpe
derribar: j-a-jwachesënjá-n
desafiar, dar golpes en el suelo
    con los pies: j-wa-botá-n
desaparecer: j-we-natjëmbá-n
desarraigar: j-a-jashtsá-n
descansar con el sueño: j-ts-a-maná-n
descascarar: j-a-bwastá-n
descender: j-a-stjangwá-n
desconocido: ndwenÿná
desde: * desde

desde acá: moká-n
desde el fondo del agua: bwatjoykán
desde aquí: mwentšán
desde ese día: ch-te-skán
desde hace tiempos: temp-skán
desear: j-a-bošá-n
desembocar: j-e-n-o-bwach-jajwaná-n
deseoso: oná
desgracia: * desegrasie
desgranar maíz: j-a-smaká-n
desmayar: * j-a-desmayá-n
despacio: wenán
despejado: jenÿníñ
desplumado, desplumada: boshtsná
desplumar: j-a-boshtsá-n
después: * después
despuntadura: wabmuchïtkoyán
despuntar la germinación:
    j-wa-bmuchtëtsetšá-n
detrás: stonoy
detrás de la espalda: stëtšoy-ka
de verdad: deombre
de vez en cuando: nderado
día: té
diablo: * diablo
día siguiente: ibsán
diez: bnëtsan
diligenciar: j-a-delejentsiá-n
dinero: krosenán, medio,
    shewaján, rala
Dios: Nÿos (vocablo arcaico), Dios
¡Dios mío!: ¡diosiay!, ¡taytéko!
disculpar: j-a-pasentsiá-n
disgustarse: j-o-tjayaná-n
disgustarse entre dos personas:
    j-e-n-tjayaná-n
disparar: j-a-jwesá-n
dispararle: j-ts-e-jwesá-n
disparo: jwesanán

divertirse: j-o-boyejwá-n
divisar: j-wa-binÿná-n
divisar además:
    j-a-t-a-binÿná-n
divisarse un determinado lugar:
    j-i-s-e-binÿná-n
divulgar: j-wa-jkëshá-n
divulgarse: j-en-a-bo-bokná-n
docena: * dosen
dolor: tsetšán
donante: tšetnayá
donar algo en ciertas circunstancias:
    j-ts-e-n-a-tšetnayá-n
donde: ndayentš
dormir: j-o-maná-n
dos: uta
dueño: * dweñ

E

ebrio: ofšená
echar agua: j-a-bweškjá-n
echar algo al abismo:
    j-ts-e-tbwa-bentá-n
echarse de bruces: j-o-tombá-n
él, ella: cha
elegante: paresido
ellos, ellas: chënga
ellos dos también: cha-t-nak
emplumar: * j-o-plumá-n
empujar: j-a-tsëntšá-n
enajenar: * j-a-jená-n
en bebida de licores: tmoiñ
encabar: j-wa-jochutjwá-n
Encano: Enkano
encargar: j-a-bonÿiá-n
encender vela: j-wa-ñeñá-n
encerrar a alguien: j-u-tamiá-n
encontrar: j-e-nÿená-n

encontrarse de paso en el
    camino con otra persona:
    j-o-betšá-n
encontrarse con varias personas
en el camino: j-o-biatšá-n
en el extremo: sebio-ka
en el monte: tj-oka
en el pueblo: taban-entše
en el rincón: jofsh-oka
en este día: ngna-té
en este lugar: ngnentše
enfadarse: j-e-tná-n
enfermedad: šokán
engañar: j-a-bwambayá-n
engañar habitualmente:
    j-a-ingñayá-n
enlagunar: j-wa-b-jajwá-n
en la vivienda: oyen-entš
en medio de: tsentsa-jan
en ninguna parte: ndoknentš
enroscar: j-a-roská-n
en secreto: iytëkán
enseñar: j-a-bwatëmbá-n
en tiempo remoto: antéo
entonces: asna
entrar: j-a-mashëngwá-n
entrar a una persona en la sala:
    j-a-u-mashëngwá-n
entregar: * j-a-ntregá-n
entregar algo en las manos de otro:
    j-a-ntša-bwachiá-n
entregar alguna cosa a alguien
en cierto lugar: j-i-s-e-ntša-bwachiá-n
entristecerse: j-o-ngmiá-n
entusiasmarse: j-o-bojinÿená-n
enviar algo: j-we-chmwá-n
envolver: j-wa-jkjwá-n
envolverse: j-o-ndmaná-n
en una ocasión: kanÿ-na

en una y en otra parte: inÿ-ok inÿ-ok
envenenar: j-a-embenená-n
escalera: *sklerëšá
esconder: j-a-ytëmiá-n
esconderse: j-o-ytaná-n
escondite: iytëmen-oy
ese día: ch-té
espantar: j-a-watjaná-n
espantar a varios: j-a-u-tjaná-n
esparcir: j-wa-jkëshá-n
espeluznante: bwawatjanán
esperar: j-o-batmá-n
esperar la confirmación de algo:
    j-o-bojanÿá-n
espesar: j-a-ntšmaná-n
espiga de maíz: shewajwá
espina: ochmafja
esquina: * eskina
estado: * estado
estar: j-a-mná-n
estar acercándose el tiempo:
    j-ts-o-bekwá-n
estar acompañando:
    j-ts-e-tjëmbambnayá-n
estar acordándose:
    j-ts-a-bowenÿnayá-n
estar actuando: j-ts-e-ntšená-n
estar admirando un determinado
    lugar o a una persona:
    j-ts-o-bwa-watjá-n
estar alistando: j-ts-e-prontayá-n
estar alistándose: j-ts-o-prontayá-n
estar amañándose: j-ts-a-tmaná-n
estar andando con el toque del
    tambor: j-ts-a-y-bombiayá-n
estar andando delante de otra
    persona: j-ts-e-b-natsaná-n
estar andando en solicitud de agua:
    j-ts-a-y-wa-bwá-tjanañá-n

estar azotando un objeto:
    j-ts-a-sachënjnayá-n
estar bajando de regreso:
    j-ts-a-t-a-stjajwná-n
estar burlándose:
    j-ts-a-boyejwaná-n
estar burlándose de varias personas:
    j-ts-a-bwayajwaná-n
estar andando varios: j-ts-a-jná-n
estar animándose: j-ts-a-ñemoná-n
estar aproximándose:
    j-ts-o-bekonayá-n
estar cazando varios animales:
    j-ts-a-shebwanayá-n
estar clareando el día:
    j-ts-a-tëshenÿaná-n
estar colgada la ropa de los áboles:
    j-ts-a-t-a-juchetotjñá-n
estar colocando varias cosas:
    j-ts-e-këkjnayá-n
estar comiendo: j-ts-e-sayá-n
estar con aversión hacia una persona:
    j ts a-yayá-n
estar con sueño: j-ts-o-knayá-n
estar con tristeza: j-ts-o-ngmëmnayá-n
estar corriendo: j-ë-tschamaná-n
estar dando algo mientras se vive:
    j-ë-b-ts-o-bomñá-n
estar dando golpes en el agua:
    j-ts-o-shu-botnayá-n
estar dando vueltas: j-ts-ë-shkwaná-n
estar de pie: j-ts-a-tsaná-n
estar de regreso: j-ts-a-t-a-yá-n
estar dedicando con palabras a
    alguien: j-ts-a-yebwambnayá-n
estar defecando: j-ts-e-tjamianá-n
estar desapareciendo
    a cierta distancia:
    j-ts-a-wenatjëmbambaná-n

estar desapareciendo habitualmente:
    j-ts-e-natjëmbambaná-n
estar deseando alguna cosa de otra
    persona: j-ts-a-ntšabošá-n
estar diciendo: j-ts-e-chamwá-n
estar diciéndole: j-ts-a-tsayá-n
estar disimulando a alguien:
    j-ts-ë-wantaná-n
estar echándose agua en las piernas:
    j-ts-e-n-o-mëntjëbweškjnayá-n
estar encima: j-ts-a-jutsná-n
estar encontrando: j-ts-e-nÿaná-n
estar en ebullición continua:
    j-ts-a-bwawañá-n
estar enfermo:
    j-ts-e-šoká-n
estar entrando a varias personas
    en la sala: j-ts-ë-mashejwaná-n
estar en un lugar temporalmente:
    j-a-y-s-o-kedayá-n
estar envuelto en alguna cosa:
    j-ts-e-ndmananá-n
estar escuchando: j-ts-wenañá-n
estar esperanzado:
    j-ts-o-šbwachiá-n
estar estornudando:
    * j-ts-o-storbaná-n
estar germinando el maíz:
    j-ts-e-koshufjaná-n
estar girando: j-ts-o-bwertaná-n
estar habitando: j-ts-700-iená-n
estar hablando:
    j-ts-o-yebwambnayá-n
estar hablando familiarmente con
    otro: j-ts-a-tsëtsnayá-n
estar haciendo adelantar poco a poco
    al guía: j-ts-e-natsetsnayá-n
estar haciendo música:
    j-ts-o-mosekañá-n

estar haciendo ruido en el agua:
    j-ts-a-shub-wenaná-n
estar haciendo sombra:
    j-ts-o-sombranayá-n
estar inclinado: j-ts-a-tsejbená-n
estar informando de alguna cosa:
    j-ts-e-tatšëmbwá-n
estar introduciendo algo en la boca:
    j-ts-e-yautsayá-n
estar jalando: j-ts-a-sjayá-n
estar llegando con varios:
    j-ts-ë-shejajwaná-n
estar llevando: j-tsa-mbayá-n
estar llevando a varios:
    j-ë-ts-nachayá-n
estar llorando: j-ts-o-šacheña-n
estar mandando: j-ts-a-ordenayá-n
estar manteniendo a varios:
    j-ts-ë-mëná-n
estar menospreciando:
    j-ts-a-botená-n
estar mirando fijamente una cosa:
    j-ts-e-bwatsješná-n
estar moviéndose:
    j-ts-o-bonjnayá-n
estar necesitándose algo:
    j-ts-e-y-tëtaná-n
estar pasando: j-ts-a-chnujwaná-n
estar percibiendo un olor:
    j-ts-a-nguëntšaná-n
estar perdiéndose: j-ts-o-tšaná-n
estar persiguiendo: j-ts-a-kmená-n
estar persiguiendo a varios:
    j-ts-ë-kamená-n
estar picoteando: j-ts-a-ftkoyá-n
estar portándose mal:
    j-ts-e-n-watjayá-n
estar preguntando: j-ts-a-tjanayá-n
estar prendido: j-ts-a-jonÿaná-n

estar preocupado por algo:
j-ts-e-n-o-ngmëmnayá-n

estar presente: j-ts-e-mná-n

estar prestando servicio:
j-ts-o-serbená-n

estar sacando: j-ts-a-bokaná-n

estar sacando agua:
j-ts-e-bwatsjwayá-n

estar saliendo agua: j-ts-o-bokaná-n

estar sentado: j-ts-o-jakeñá-n

estar siguiendo a alguien:
j-ts-ë-stoná-n

estar sirviéndose bebida:
j-ts-a-lkantsaná-n

estar sobrando: j-ts-a-jamná-n

estar sucediéndole: j-ts-e-pasayá-n

estar terminando:
j-ts-e-pochokayá-n

estar tendido en el suelo:
j-ts-a-ts-jajoná-n

estar trayendo algo:
j-ts-e-y-boyá-n

estar viendo: j-ts-o-nÿayá-n

estar viendo alguna cosa de otra
persona: j-ts-a-ntšenÿená-n

estar viniendo: j-ts-a-boyá-n

estar guardadas las cosas sin uso:
j-ts-a-t-a-kjañá-n

estar yacientes en la superficie
del agua: j-ts-a-tsubkjañá-n

éste, ésta: ke-mwá (enfático), mwá

esterilizador: enash

estimado, estimada: bonshaná

estómago: wabsbiá

estos, estas: mu-nga, më-nga

expectativa: obwawatján

expedir olor: j-a-ngtšená-n

exponer algo al fuego
para asarlo: j-a-šenÿemiá-n

expresarse con palabras
ofensivas:
j-e-n-o-yebweyá-n

expulsar: j-t-a-bokná-n

extender en el suelo: j-a-jatsá-n

extremo: sebiá

F

falta: * falta

faltar: j-a-shbená-n

faltarle: j-u-shbiá-n

faltarle algo: j-a-bwa-shbená-n

familiar: pamillo

favorecerse: j-o-paborá-n

fiambre: jatán

fiera: bayń

flauta: plautufja

flecha: plechufjwá

flecharlo: j-ts-e-jwesá-n

fondo: asento

forzar: j-a-jwersá-n

fríjol: tsëmbe, shajwán

fuego: iñ

fuera: shjok

fuertemente: jabwach, yajwán

fuerza: añem

fumar: j-wa-kwakwá-n

G

gallina: twamba

gallina joven próxima a
poner huevo: obiangayá

garrote: * garote

garrotear varias veces:
j-a-ngarotiayá-n

gato: meseto

gavilán: * gabilán

gente: * jente

germinar: j-wa-bsminÿná-n

glotón: wabá

gobernador: mandad

golpeado, golpeada: * golpianá

golpear: j-a-chboboyá-n

golpear con vara o con otro implemento: j-u-tsjanjá-n

golpearse: j-o-golpiá-n

golpearse el aparato genital: j-en-a-jantšetá-n

gorrión: jaja shloftše

gotear: j-o-bwastjoyá-n

gotear permanentemente: j-a-bwa-stjoná-n

gracia: * grasia

gracias: aslëpay, dioslëpay

gracioso: ordemalo

gran: bëts

gran cantidad: mallajt

grande: bëtsá

grandes: bëtsëtsa-nga

grano: * grano

gritar: j-a-ndëntjayá-n

gritarle: j-a-bo-chembwá-n

gritar varios en todo tiempo en un lugar: j-i-s-é-ndëntjaná-n

grito: yoyán

groseramente: podesk

guardaespaldas: wardasión

guardar algo para otro: j-a-bwajwá-n

guardar o poner alguna cosa para otro: j-e-n-bwajwá-n

guardar algo en todo tiempo: j-o-bwajoñá-n

guardar algo para uno: j-o-bwajwá-n

guía: unachayá

gusano: fshen

H

haber: j-a-binÿaná-n

haber animales: j-a-jená-n

haber gente en una casa: j-wa-tswa-mná-n

haber huellas del pie: j-ts-a-yenaná-n

haber agua en un recipiente: j-wa-b-jajoná-n

haber señales en el huevo incubado para salir el pollo del cascarón: j-ts-e-shëntsaná-n

haber tiempo para resolver algún asunto: j-o-shachená-n

habitante: oyená

hablante: beyá

hablar: j-o-yebwambayá-n

hablar con alguien en algún punto o lugar: j-a-y-s-e-n-a-tsëtsayá-n

hacer: j-a-bemá-n

hacer agujeros: j-a-satka-ka-yá-n

hacer a varios: j-a-biamá-n

hacer caso: j-o-yeunayá-n

hacer caminar a alguien delante de otros: j-ts-e-natsetsnayá-n

hacer chicha: j-a-kakjá-n

hacer falta alguna cosa a alguien: j-wa-shbiá-n

hacer fuerza para defecar: j-o-fshëchëchiá-n

hacerla acostar allá: j-e-ts-e-jajwá-n

hacerle algún mal: j-a-bwa-chjangwá-n

hacer minga: j-a-mengayá-n

hacer participar: j-wa-probá-n

hacerle perder: j-a-perdiá-n

hacer pedazos: j-a-tsba-ba-yá-n
hacer quedar: j-a-kedá-n
hacer recordar: j-a-bwayená-n
hacer reír: j-e-biajwá-n
hacer ruido habitualmente:
    j-a-chjojnayá-n
hacer sol: j-a-jënÿá-n
hacerse: j-o-bemá-n
hacerse quedar el uno al otro:
    j-e-n-ë-kedá-n
hacia allá: choy
hacia allá mismo: ka-choy
hacia atrás: stëtš-oy
hacia dentro de la casa: tsoy
hacia el atardecer: jetiñ-oy
hacia el campo de siembra de maíz:
    washëntsay-oy
hacia el escondite:
    iytëmen-oy
hacia el lugar de los choclos:
    tšematš-oy
hacia el monte: tj-oy
hacia el suelo: fshants-oy
hacia la claridad: binÿn-oy
hacia la derecha: katšbi-oy
hacia la parte alta: jwatsb-oy
hacia la residencia de
    animales: jen-oy
hacia la vivienda: oyen-oy
hacia lo alto: tsbanan-oy
hambre: shëntsán
hambriento: * ambrento
harina de maíz: janÿetšna
harina de trigo: arnenÿá
hasta: * asta
hasta donde: ntsekoñ
hasta el presente:
    mëntskoñ, gnantskoñ
hembra: shem

hasta ese punto o lugar: chëntskoñ
hermano: katšat
hermano o hermana mayor:
    wabochená
hermano o hermana menor:
    wabentsá
hervir: j-a-bwawá-n
hervir cosas durante horas:
    j-wa-bwawaná-n
hijo: wakiñá
hilera: utbenán
hirviente: bwawán
hocico: tsjaš
hoja: tsbwanach
hombre: *ombre, boyá
hombre joven: bobonts
hora: * ora
horqueta: shengmanufj
horrible: wabowán
hostigar entre varios a una persona:
    j-e-n-a-bojotá-n
hoy día: mën-té
huevo: shënmëbé
huir: j-a-chá-n
huir de modo espontáneo:
    j-ts-a-t-chañá-n
huir solo: j-ë-ts-chañá-n
huir varios: j-a-chetá-n
humedecer:
    j-a-bchekwakwayá-n
humo: gon

I

imagen: * imajen
inconsciente: tontiado
incorporarse a una familia:
    j-a-bwachá-n
incubar: j-a-tombá-n

incurrir en un error:
j-o-bwachjangwá-n
indígena: ka-bënga
individuo de raza blanca: škená
inducir en un error: j-o-yenÿená-n
infiel: yembá
infierno: enperno, baíng lwar
informar: j-we-nayá-n
iniciar: j-o-ntšá-n
inocente: * enosente
insistir: j-a-jabwachená-n
interior de la casa: ts-oka
interminable: buchashben
invitado, invitada: ofjaná
invitar: j-o-fjá-n
invitar a varios: j-o-bwajá-n
ir: j-a n
ir a buscar allá:
j-a-b-ts-e-ngwangwá-n
ir a cazar allá para uno:
j-a-b-ts-o-shbwañá-n
ir a conocer: j-a-wabwatmaná-n
ir a llegar allá: j-a-b-ts-a-shjangwá-n
ir a sacar algo o a alguien:
j-a-b-ts-a-bokná-n
ir a traer: j-o-betšá-n
ir de prisa: j-o-chumwá-n
ir de prisa entre dos o más personas:
j-e-n-a-kmeyá-n
irse: j-ts-o-ñá-n
irse de regreso: j-ts-a-t-o-ñá-n
isla: * isla
izquierdo: wañekway

J

jigra: sheknaj
José: José
juicio: * jwesio

juntos: parejo
juramento: * juramente

L

labrado: * labrán
ladrido: oyanayán
ladrón: ondebiayá, * ladrón
lágrima: shachbuy
laguna: wafjajonay
laguna de El Encano: Chafshay
lamentarse con lágrimas:
j-e-n-o-b-o-šachná-n
lamerle: j-a-b-o-jabobjwá-n
langosta: * langosta
lanza: lantsëšá
lanzar: j-a-tëchënjá-n
largo tiempo: bën-ënskos, bay-té
lástima: * lastem
látigo: perereja, tjanjanëja
latigazo: chbonján
lejos: bën-ok
lengua: bíichtaj
leña: niña
levantar: j-a-tsbaná-n
levantarse: j-o-tsbaná-n
levantarse varios desde un lugar:
j-i-s-a-tsbaná-n
ligar: j-a-tsbwayá-n
ligarse: j-e-n-ë-nayá-n
limpiarle: j-a-b-o-lempiá-n
llegar: j-a-chebiashëngwá-n,
j-a-shjangwá-n
llegar al mismo lugar: j-a-y-s-a-
shjangwá-n, j-i-s-a-shjangwá-n
llegar a un determinado lugar:
j-e-ts-a-shjangwá-n
llegar con alguna cosa o con alguien:
j-u-shjangwá-n

llegar de regreso: j-a-ba-ta-shjangwá-n

llegarle algo a las manos:
j-o-ntša-shjangwá-n

llegarse la hora: j-o-bwachá-n

llegar varios: j-a-ba-shjajná-n

llenar: j-a-jutjiá-n

llenarse: j-o-jutjiá-n

llevar: j-wa-mbá-n

llevar a alguien: j-wa-natsá-n

llevar a alguien en compañía:
j-ë-b-ts-betsá-n

llevar a varios: j-u-natsá-n

llevar alguna cosa por cuenta de uno:
j-ts-a-yambañá-n

llevar cosas: j-u-yambá-n

llevárselo desde un lugar:
j-a-y-s-o-kñá-n

llevar un animal del cabestro:
j-wa-tëntšeyá-n

llevar varias cosas: j-u-yambá-n

llorar continuamente: j-o-šachiá-n

lluvia: wabtén

loma: * loma

luego: chentšán

lugar: * lwar

lugar de bebida: tmoy-entše

lugar sagrado: konsagradentš

M

machacar: j-a-ntšetjiá-n

machete: tersiadëja

madera: niñ̈ës

Madre de Dios: Mametá

madrina: ochbán mamá

maestro: * maytrë

maíz: mats, šbwachán

maíz tostado: šmen

mal: * mal

mala: * mala

maldición: * malesión

malicioso: * malesiayá

malo, mala: bakna

mamá: * mamá, bebmá

mamar: j-o-chochá-n

mandar: * j-a-mandá-n

mano: kukwatš

manteca: * menÿeká

mantener: j-wa-mná-n

mantener a alguien con alimentos:
j-wa-bo-wamná-n

mantener a varios temporalmente:
j-a-y-s-bwa-kwedaná-n

mantener a varios con alimentos:
j-o-bwa-kwedaná-n

mantenerse con otra persona:
j-ts-e-n-a-bowamná-n

marido: boyá

marido y mujer: katá

más: * más

mascar: j-wa-tënguëntsá-n

masa para masticar: watënguëntsayán

mata: * mat

matachín: * mëtëtšén

matanza: obanayán

matar a varios: j-o-bayá-n

mayor: * mayor

médico tradicional: tatšëmbwá

medio, media: * media

mediodía: nÿetstó

memoria: * memoria

mencionar: j-a-bayá-n

mentir: j-o-bosteroyá-n

merecido: * meresido

mesa: meštomb

metamorfosearse: j-ts-o-bemá-n

metamorfosearse continuamente:
j-ts-o-biamnayá-n

mezclar: j-e-n-a-jwabá-n
miedo: watján
mientras: chëntskwán
minga: * mengay
ministro: * ministro
mirar: j-o-ntješeyá-n
mirar continuamente: j-a-ntješná-n
mirarlo fijamente: j-o-bwa-watjá-n
mirla: chewako
miserable: stombwá
mismo lugar: ka-chenache
mitad: tsëntsa
mocho: tsenuko
moler masa: j-a-nantsá-n
monte: tjá
montón: jmëton
morcilla: wabweñëšá
morder: j-wa-shantsá-n
morder en los glúteos: j-a-s-jantsá-n
mordedura: washantsán
morir: j-o-jenachá-n, j-o-baná-n
morirse: j-ts-o-baná-n
mostrar: j-e nÿënÿiá-n
mostrar a varios: j-e-nÿanÿiá-n
motivarse: j-e-n-o-perdiá-n
moverse continuamente:
　j-wa-bonjnayá-n
mucho tiempo: ba-té, ba-y-té
muerto, muerta: obaná
mujer: shem, shem-basá
mujer joven: tobiaš
mula: * mulá
música: * mosek

N

nada: tonday
nariz: nguešëšbé
narrador: kwentayá

necesidad: wajabotán
necesitado, necesitada: wajabotá
necesitar: j-wa-jabotá-n
negro, negra: ftseng
ni: * ni
nido: wajajonëshá
no: ndoñ, ndoknentš
noche: ibet
no importa: maske
no más: nÿetšá
no pasa nada: ndoká
nosotros, nosotras: bënga
noticia: * notisio
nuestro: bëng-be
nueve: eskonubta
nuevo, nueva: tsëm

O

obedecer: j-o-bedesá-n
obligación: * obligasión
obligado: * obligado
obligar: * j-o-bligá-n
obrar: * j-a-obrá-n
observante: inÿená
ocasión: * okasión
ocasionarse mutuamente:
　j-e-n-perdiá-n
ocuparle la casa: j-a-bo-tsjwaná-n
odiado, odiada: wayaná
ofender: j-o-bweyá-n
ofrecedor, ofrecedora: wabwambayá
ofrecer: j-wa-bwambaná-n
ofrecerse: j-e-n-a-bwambaná-n
oído: * oído
oír: j-o-wená-n
oír alguna noticia en determinado
　lugar: j-ë-b-ts-wená-n
ojalá: * ojalá

ojo: bominÿe
oloroso: wanguëtšá-n
olla de barro pequeña: matbëbé
ordenar: j-a-ordená-n
oreja: matskwaš
orilla: tsachaň
oscurecer: j-a-ibeta-tá-n
otra vez: kachiň
otro, otra: inÿá

P

paciencia: wantanán
paciente: wantad
padre: * padre
padrino: ochban taytá
pagar en efectivo: j-ë-ts-bo-kwentá-n
palabra: * palabra
palanca: * palankës
paliza: utsjanján
paloma: * paloma
palpar: j-a-bojajwá-n
pantorrilla: šuʃatš
papá: taytá, bebta, yayá
para eso: cha-ma
para mí: atš-bia-ma
para que: ndmwá-ma, ndayá-m
parásito: jwendía
para siempre: empasam
pareja unida en amancebamiento:
    e-n-a-bwatmat
parir, poner huevo la gallina:
    j-o-shmá-n
parte: * part
parte alta o norte: këbsero
parte baja de la sala: chaʃj-ok
partes pudendas: batësaň
partir: j-wa-jatká-n
partirse: j-e-n-o-jatayá-n

pasado mañana: nÿe-té
pasajero: chnujwaná
pasar de largo: j-a-chnungwá-n
pasar de un punto a otro:
    j-o-chentšá-n
pasar habitualmente: j-a-chnujwaná-n
pasar la corriente de un río:
    j-o-bwa-chnungwá-n
pasar un acontecimiento:
    j-o-chnungwá-n
pasear: j-o-tjëmbambayá-n
pastense: * pastuso
Pasto: Shjaknoy (vocablo arcaico),
    Bastoy
Patascoy: Batascoy
participar a otro en coger algo:
    j wa-tabiá-n
patear alguna cosa: j-wa-skunjá-n
patio: chashjaň
patrón: * patrón
pava de monte: kukwán
pavo: chumbo
pecado: bontšán
pecar: j-e-n-o-bweyá-n
pecador: e-n-o-bwená
pecho: kochaš
pedazo de madera: niň-bé
pedir algo para uno: j-o-tjañá-n
pedir agua: j-wa-b-watjañá-n
pedir préstamo: j-wa-tjayá-n
Pedro: Pigro, Pedro
peligro: resgo
pena: ngmenán
pendiente: stjón
pensamiento: jwábna
pensar: j-a-jwaboyá-n
pensar en sí mismo: j-e-n-o-jwaboyá-n
pensar habitualmente: j-a-jwabnayá-n
peor: * peor

pepino: kochmajaš, shajbé

pequeño, pequeña: base, basá

pequeños, pequeñas:
    base-se-nga

perder: * j-o-perdiá-n

perder de vista: j-e-tšá-n

perderse: j-o-tšá-n

pérdida: otšanán

perdón: * perdón

perdonar: * j-a-perdoná-n

perezoso, sa: sëchbomá

perforar: j-a-satká-n

perito: maytrë

permanecer: j-a-kedaná-n

permanecer en algún lugar:
    j-a-y-s-e-kedaná-n

permanecer enfermo: j-a-soká-n

permanecer siempre un depósito
    de agua: j-ts-a-bjajoná-n

permutar: j-e-n-troká-n

pernoctar: j-a-té-n

pernoctar varias personas:
    j-a-tayá-n

pero: * pero

perseguir: j-wa-kmeyá-n

perseguir a varios: j-u-kamená-n

persona: yentšá, * persona

persona no grata: baká wamaná

persona que lleva un adorno
alrededor del cuello:
    wantšbwaná

perro, perra: keš, shbwayá

picar: j-a-ftëtsá-n

pico: nguëtsaš

picotear: j-a-b-tëtšá-n

pie: shekwatš

pie de la tulpa: shenÿa-ka

piedra: ndetšbé

piel: bobach

planta de fríjol: tsëmbiëjwá

planta de maíz: šëšá

plata: ral, medio, shewaján,
    krosenán, amán

plenilunio: katšbet, binÿet

pluma de ave: * plumësha

pobre: * pobre

pocos, pocas: base-fta-ng

pocos lugares: base-ftá-ñe

poder: j-o-bená-n, j-o-pódia-n

poder realizar: j-o-benayá-n

poderoso: * poderoso

polvo: * polbo

pollo: bolleto

poner: j-a-jajwá-n, j-a-seorá-n

poner huevo la gallina:
    j-o-shmá-n

poner precio: j-wa-mánaná-n

poner nombre: j-wa-bayá-n

ponerse de pie: j-o-tsayá-n

ponerse delante de otra persona:
    j-o-bwa-b-natsá-n

ponerse el rebozo atravesado
diagonalmente en el cuerpo:
    j-wa-tersiá-n

poner las manos juntas:
    j-e-n-tëntšebnëtsá-n

poquedad: testeo-tem

poquito: batatem

por aquí: moján

por Dios: diosmand

por el camino: benach-jan

por el mismo lugar: ka-chenach

por ese lugar: chenach

por ese motivo: ch-kabsa

porfía: mayo

por lo cual: ya-yek-na

Poroto: Tsëmbey-oy

por qué: ndayek

por si acaso: ka-chka-nak
portarse mal: j-e-n-watjá-n
portón: bëša-shá
posada: * posado
preguntar: j-a-tjayá-n
**preocuparse por realizar
    algún trabajo:**
    j-wa-ngmená-n
presas de pollo: bollet-biá-n
presagiar: j-wa-chwaná-n
preservar: j-a-wardá-n
preso: * preso
prestar: j-wa-ntšamiá-n
prestar a varias personas:
    j-u-yentšamiá-n
prestar servicio: j-o-serbiá-n
primeramente: * primeramente
primo: * primo
principiar: j-o-ntšá-n
probar: j-a-tantiá-n
prominencia del suelo:
    batsja-bé
pronto: betsko
proporcionar: j-a-remediá-n
pubertad: kamna nÿetšá
puerta: bëšašá
pues: nÿá, saká
puesto: * pwes
puñado: oñubón
puro, pura: ena

Q

quebrada, río: bejay
quedarse: j-o-kedá-n
que importa: maske
que sucede: ndayá
que tiene pie: washekwá
quien: ndmwá

R

rabia: * rabia
rama del tronco o tallo principal:
    bwakwash
rápido: betsko
raspadura: bajtoníñ
raspar: j-a-bajtá-n
raspar varias veces: j-a-bajtotá-n
raspón: bajtón
rato: * rat
rayo: * rayo
razonar: * j-a-rasoná-n
realizar un trabajo: j-e-n-a-ngmiá-n
realizarse: j-o-parejá-n
rebozo: betiá
recibir: j-a-ingaká-n
recibir agua en un recipiente:
    j-o-bwa-jweyá-n
recibir algo para uno: j-o-ingakñá-n
**recibir un golpe en una caída
    al pie de un árbol o de una casa:**
    j-o-tëchetš-botá-n
recíprocamente: katatoy
recoger: j-a-tbaná-n
recoger varias cosas en un lugar:
    j-i-s-jakñá-n
reconocer: j-o-tëmbá-n
recurrir siempre a alguien:
    j-o-bwa-jonÿánayá-n
recurrirse el uno al otro:
    j-e-n-o-bwa-jonÿánayá-n
reducir a harina: j-a-fjoná-n
reflexionar: j-e-n-o-bokakayá-n
refrescar: j-a-preskwá-n
regalar: j-a-tšetayá-n
regalar a varios: j-a-tšatayá-n
regalarse mutuamente alguna cosa:
    j-e-n-a-tšetayá-n

regalo: janshán
regar agua: j-wa-b-washaná-n
registrar: j-a-ntša-bonÿá-n
regresar: j-t-á-n
regresar de un viaje: j-t-a-chebiashëngwá-n
regresarse espontáneamente:
j-ts-a-s-ë-shkoñá-n
rehusar: j-o-yatšëmbwá-n
reir a carcajadas: j-e-n-o-jakëká-n
reírse: j-e-n-biajwá-n
reírse de improviso: j-ts-o-fchayá-n
relampaguear: j-a-tkunÿá-n
remedio: remedio, shnán
rendija: jushañ, ajshatufɉníñ
reprender: j-wa-kakaná-n
represar: j-wa-satbwajtšiá-n
respetable: wamaná
respiración: sháchna
respirar: j-a-shachná-n
retirar: j-a-jwaná-n
retirarse: j-o-jwaná-n
retirarse en cualquier momento:
j-ts-o-jwaná-n
retroceder una quebrada o un río:
j-i-s-o-b-tsjwá-n
reventar: j-wa-ngchkaná-n
revivir: j-t-a-yená-n
rey: * rey
rezar: * j-a-resá-n
río Putumayo: Ftëmayjay
río Titango: Manay
rizado: melmón
roer: j-a-bkësasá-n
rogar: j-a-rwa-n
rojo: bwangan
ropa: yentšayá
ruido: * rwido
ruborizarse: j-ts-a-tbwangá-n

S

saber: j-wa-maná-n
sacar: j-a-jatsëká-n
sacar algo: j-wa-bokná-n
sacar varios animales o personas:
j-u-bwakaná-n
sacar varias cosas: j-a-jatsaká-n
sacerdote: bachna
sacramento: * sakramento
sagrado: wáman
sal: tamó
sala: tsañ
salir: j-a-bokná-n
salir algo: j-o-bokná-n
salir algo al otro lado:
j-a-b-ts-a-bokná-n
salir ante otra persona: j-e-b-bokná-n
salir con precipitacián: j-wa-tatšená-n
salir con precipitación
inesperada desde un lugar:
j-ë-b-ts-a-tatšená-n
salir desde un lugar: j-i-s-e-bokná-n
salir de un lugar para realizar otra
acción: j-ë-b-ts-e-bokná-n
salir el pollo del cascarón:
j-u-shtëtšá-n
salir entre dos a un punto
determinado: j-e-n-a-bokná-n
salirle algo en la frente:
j-wa-jwents-bokná-n
salir varios: j-a-bokaná-n
saliva: yebway
salud: * salud
saludo: * saludo
san: * san
sangre: bweñ
sanguijuela: fchekoš
San Pedro: San Pedro

secar saliva en la boca:
j-a-ye-bwashá-n

seco, seca: bwashán

sed: wajwendayán

seguimiento: ustonán

seguir a alguien: j-wa-stá-n

seguir a alguien intempestivamente:
j-ts-a-stá-n

seguir los pasos: j-wa-shekwa-stá-n

seis: chnungwán

seleccionar: j-a-bokakayá-n

semana: * semán

sembrador o sembradora de maíz:
washëntsayá

sembrar maíz: j-wa-shëntsá-n

sentado, sentada: jakená

sentir: j-o-naná-n

sentirse: j-o-sentiá-n

señalar: * j-a-señalá-n, j-we-nÿnaná-n

señor: * señor

separarse: j-o-bariá-n

sepultar: j-wa-tbontšá-n

ser: j-a-mná-n

ser bautizado: j-wa-bayná-n

ser hábil para dar saltos:
j-ts-a-ntsënguënjñá-n

ser necesario: j-a-ytá-n

ser posible de realizar: j-o-benaí-ñ

**ser retribuido por un trabajo
en una minga:** j-wa-kaná-n

ser siempre el mismo: j-ts-o-mñá-n

ser veloz en caminar:
j-a-shek-bwachá-n

servir a otro: j-a-serbiá-n

servir comida: j-wa-jwatšeyá-n

servir chicha a varios: j-u-shebuká-n

servirse comida o bebida: j-a-chinÿá-n

servirse bebida: j-a-lkantsá-n

sí: aiñ, ajá

sífilis: bakna šokán

sijse: jomës

silencio: * selensio

símbolo: * insignia

sin: * sin

sino: * sino

sin pensar: ndëjwabnay-ká

sin sal: ftenán

sí señor: arseñor

sitio de la cosecha: ojatay-ok

sobresaltar: j-a-jwená-n

sobresaltarse: j-ts-o-jwentskaná-n

sobrevenirle algo de improviso:
j-o-tšetayá-n

sobrino: *sobrén

solamente: nÿe, kenÿe

solicitar un favor: j-a-cmpadá-n

**solicitar un compadrazgo o pedir la
novia para contraer matrimonio:**
j-a-yebwambayá-n

solicitud: watjanayán

soltar: j-a-boshjoná-n

Solterayaco: soltera-yako. Nombre
de una quebrada afluente del río
Putumayo (yako o yaku significa
en inga "río o quebrada": "quebrada
de la soltera")

soltero, soltera: * solterá

sombra: * sombra

sombrero: bwechtsanúko

sonar: j-we-naná-n

sopa de maíz: ntšbonén

soportar: j-a-wantá-n

soportar defectos de otra persona:
j-u-wantá-n

sordo: ndwawenaná, tësmá

**sorprender o sobrevenirle de
improviso alguna enfermedad:**
j-o-shachá-n

sostenedor, sostenedora: yejabwachá

sostener: j-a-tbëná-n

sostener un recipiente para recibir alguna cosa: j-o-jweyá-n

subir: j-a-tsjwá-n

subir a alguien o alguna cosa: j-a-u-šëngwá-n

subir a lo alto de un árbol o de una casa: j-a-šëngwá-n

subir desde un lugar: j-i-s-e-tsjwá-n

subsistencia: mantensión

suceder: j-o-pasá-n

suceder comúnmente: j-o-pasaná-n

sucederle: j-a-pasá-n

suegra: wamben mamá

suegro: wamben taytá

sueño: oknayán

suerte: * swert

sufrir por largo tiempo: j-a-padesená-n

suicidarse: j-ts-e-n-o-ytaná-n

superficie de agua: tsboka

T

tabaco: * tbako

tábano: * tabáno

tal vez: * talbes

tambo: * tambo

tambor: šenjanabé

tampoco: kach ndoñ

tardanza: bënán

tarde: jetíñ

tela: yentšjwá

tela blanca: wafjantsë-jwá

temblar la tierra: j-wa-bonjwá-n

temblor de tierra: wabonjnaíñ

temerle: j-e-bia-watjá-n

tener: j-a-bomná-n

tener algo guardado: j-a-bwa-joná-n

tener algo guardado en permanencia: j-o-bwajoñá-n

tener algo habitualmente: j-ts-o-bomñá-n

tener algo temporalmente: j-a-y-s-o-bomñá-n

tener animales: j-a-bwa-jená-n

tener buen sabor: j-a-tamná-n

tener esperanza de alguien: j-wa-šbwachiá-n

tener esperanza de algo: j-o-šbwachiá-n

tener consideración: j-a-lastemá-n

tener embutido el estómago: j-wa-stswamá-n

tener en todo tiempo: j-o-bomñá-n

tener habilidad: j-o-biashjachá-n

tener hija: j-wa-bembená-n

tenerle paciencia: j-u-wantá-n

tenerle por nombre: j-wa-bo-bayná-n

tener mutuas atenciones en determinado lugar: j-a-y-s-e-n-a-tšetnayá-n

tener noticias de alguna cosa: j-a-tatsëmbwá-n

tener paciencia: j-o-boyayá-n

tener paciencia en algún lugar: j-a-y-s-e-pasentsiá-n

tener paciencia en las atenciones de comida y bebida: j-wa-boyayá-n

tener pie: j-wa-shekwá-n

tener puestos los alimentos en una olla de barro o de metal en el fogón: j-wa-bwešnená-n

tener sueño: j-o-knayá-n

tener todo: j-ts-o-bomñá-n

tener varios seres: j-ts-a-bamná-n

tener visto: j-e-nÿená-n

terminado: empás
terminar: j-a-parejá-n
testículo: wašëngbé
teta: chocho
tía: batá
tiempo: * tempo
tierra: fshants
tiesto: jwakó
tío: bakó
todo, toda: nÿetská
todo el día: almorsam y chisiajt
tomar bebida: j-a-ftëmá-n
tonto: * tontiado
tórtola: * tortolet
tostar: j-a-šmiá-n
totuma: kwashaj
totuma llena de alguna cosa:
    kwash-biá
totuma de chicha: kwashajwá
totuma pequeña: kwash-tem
totuma redonda: sachamat kwashaj
trabajador, trabajadora: * trabajayá
trabajar: * j-a-trabajá-n
trabajar además: * j-a-ts-trabajá-n
trabajo: * trabajo
traer: j-e-ibá-n
tragar: j-a-bmwaná-n
tragar saliva: j-o-ye-bmwaná-n
trajinar: j-a-tormentaná-n
tranquilidad: natjëmban
trapo: lachabiá
trasladarse rápidamente de un lugar
    a otro: j-ts-e-nÿënënjnayá-n
trasnochado, trasnochada: tstená
trasnochar: j-a-tsteyá-n
traspasar: j-a-chentšá-n
traspasar un líquido:
    j-e-n-o-bwa-chentšá-n
tres: unga

tres días: ungatián
tronar: j-a-jwesasá-n
tronar de repente:
    j-ts-e-jwesá-n
tú: ak
tú mismo, tú misma: ka-cha-k

U

ulcerar: j-o-sasá-n
últimamente: * últimament
último: * últim
uno: kanÿe
una de la tarde: mošenán
untar: j-a-nutjwá-n
uña del pie: guetsebiaš
uvilla: shufta

V

valle: jachañ
vara (medida de longitud): * bará
vara delgada: ñeñuʃja
varilla de hierro: yerufja
vario, varia: * barie
varios: * barië-nga
varón: boya-basá
venado: mongoj
vendedor, vendedora: ená
vender: j-e-yá-n
vender allá: j-e-ts-a-bweyá-n
veneno: * benén
venir: j-a-bá-n, j-a-boyá-n
venir a haber: j-a-bo-remediá-n
venir a hablar: j-a-bo-yebwambayá-n
venir a dar algo: j-a-bo-bemañá-n
venir a dar algo temporalmente:
    j-a-ba-y-o-bomñá-n
venir a apersonarse: j-a-bo-lesentsiá-n

venir a hablar a alguien:
j-a-b-watsëtsayá-n
venir a hacer perder:
j-a-ba-y-perdená-n
venir a hablar en el tiempo:
j-a-ba-y-s-o-yebwambayá-n
venir a llamar: j-a-bo-chembwá-n
venir a llevar una persona alojada:
j-a-be-sbetšá-n
venir a prenderse: j-a-b-wanjwá-n
venir a recuperar en el tiempo:
j-a-ba-y-se-ká-n
venir a respirar: j-a-ba-y-se-shachná-n
venir al mismo lugar: j-e-y-s-a-boyá-n
venir al mundo: j-a-ba-chenÿá-n
venirse a llorar:
j-a-be-ts-e-n-o-bo-šachná-n
venir temporalmente:
j-a-ba-y-o-kedayá-n
venirse de regreso: j-ts-a-t-boñá-n
venir en tropel: j-e-n-a-bayá-n
ver: j-e-nÿá-n
ver o divisar además: j-a-t-a-binÿná-n
ver a una persona: j-o-šbwachená-n
ver alguna cosa en otra persona:
j-wa-ntšenÿá-n
ver previamente: j-sh-e-nÿá-n
verificar: j-a-repará-n
vestirse habitualmente: j-a-pormaná-n
vez: soy
viajar: * j-o-biajerá-n
viajero: *biajero
vida: * bida
viejo: tangwá
Virgen de Las Lajas: Lajs Mamá
visitante: bwachaná
visitar: j-a-bwachá-n
visitar a un enfermo:
j-o-bwatsješeyá-n

vivir: j-o-yená-n
volar: j-o-nguefjwá-n
volar aves desde un lugar:
j-i-s-e-nguebufjoná-n
volar desde un lugar:
j-i-s-o-nguefjwá-n
volátil: wanguefjwá
volcán: * bolkán
voluntad: * boluntado
volver a agradecer: j-t-o-chwayá-n
volver a buscar: j-t-a-ngwangwá-n
volver a crecer: j-t-o-bochá-n
volver a informar: j-t-a-wenayá-n
volver a irse al mismo lugar:
j-t-i-s-oñá-n
volver a levantar a otra persona:
j-t-a-tsbaná-n
volver a levantarse una y otra vez:
j-t-ë-t-tsbaná-n
volver a levantarse de un lugar:
j-t-i-s-tsbaná-n
volver a estar de pie una y otra vez:
j-t-ë-t-a-tsaná-n
volver a llegar: j-t-a-shjangwá-n
volver a llegar varios:
j-t-e-s-a-shjajná-n
volver a llevar: j-t-a-mbá-n
volver a principiar una y otra vez:
j-t-ë-t-ontšá-n
volver a rogar: j-a-ts-rwa-n
volver a salir al mismo lugar:
j-t-a-y-s-e-bokná-n
volver a tomar: j-a-t-o-fšeyá-n
volver a ver: j-a-t-enÿá-n
volver a verificar: j-a-ts-repará-n
volver al mismo lugar:
j-t-i-s-á-n
volver a llegar al mismo lugar:
j-t-i-s-a-shjangwá-n

volver a salir al mismo lugar:
j-t-a-y-s-e-bokná-n
volverse desde un lugar:
j-i-s-ë-shkoná-n
vomitar: j-a-shkoná-n
vomitar agua: j-a-bwa-shkoná-n
vomitar agua permanentemente:
j-a-bwa-shkonayá-n
vomitar permanentemente:
j-a-shkonayá-n
vosotros: tšengafta-nga

Y

yacer varias cosas: j-a-kjaná-n
yerba: shakwán
yo: atš

Z

zanjar: j-a-chambá-n
zona tropical: onÿaíñ

Bibliografía

Aristizábal Giraldo, Silvio (1987), "Reseña de los kamsá", *Relatos y leyendas orales (kamsá-embera-chamí)*, Servicio Colombiano de Comunicación Social, Bogotá, pp. 17-36.

Gutiérrez, P., Aristides (1932), "Terremoto de Pasto, año de 1834", *Boletín de Estudios Históricos*, Pasto, 4, Nº 46, p. 407 y ss. sobre el Patascoy y la creencia de los santiagueños en la personificación del mismo cerro. Cf. con otras supersticiones antiguas en Genaro, Hno. marista (1941-1948), "Tradiciones de los terremotos en Santiago", *Amazonia*, Sibundoy, 2, Nº 4-8, pp. 82-83.

Igualada, P., Bartolomé (1929), "Un viaje al cerro Patascoy", *Ilustración Nariñense*, Pasto, serie IV, Nº 12, p. 19: sobre la primera ascensión al pico más alto del volcán Patascoy.

Juajibioy Chindoy, Alberto (1962), "Breve estudio preliminar del grupo aborigen de Sibundoy y su lengua kamsá en el sur de Colombia", *Boletín del Instituto de Antropología*, Universidad de Antioquia, Medellín, VOL. II, Nº 8, pp. 3-33.

—(1965a), "Fray Marcelino de Castellví", *Boletín del Instituto de Antropología*, Universidad de Antioquia, Medellín, VOL. III, Nº 9, pp. 116-118.

—(1965b), "Los ritos funerarios de los aborígenes kamsá de Sibundoy", *Boletín del Instituto de Antropología*, Universidad de Antioquia, Medellín, VOL. III, Nº 9, pp. 67-114.

—(1966), "Breve bosquejo del valle de Sibundoy", *Fabricato al día*, Medellín, VOL. VI, Nº 72 (Julio-agosto), pp. 7-9.

—(1967), "Cuento de un matrimonio de los aborígenes kamsá de Sibundoy", *Boletín del Instituto de Antropología*, Universidad de Antioquia, Medellín, VOL. III, Nº 10, pp. 145-153.

—(1968), "Aves migratorias", *Fabricato al día*, Medellín, VOL. VII, N° 80 (marzo-abril), pp. 27-29.

—(1974), *Bosquejo etnolingüístico del grupo kamsá de Sibundoy, Colombia*, Bogotá, Imprenta Nacional. En colaboración.

—(1987), "Los tres hermanos", "Cuentos y leyendas del grupo étnico kamsá", *Relatos y leyendas orales (kamsá-embera-chamí)*, Bogotá, Servicio Colombiano de Comunicación Social.

—(1989), *Relatos ancestrales del folclor camëntsá*, Pasto, Fundación Interamericana.

Juajibioy Mutumbajoy, María Clara (1995), Actancia verbal en la lengua kamëntšá. Monografía para optar al título de Magíster en Etnolingüística, Universidad de los Andes, Bogotá.

Molano Campuzano, Joaquín (1961), "El lago Guamués o La Cocha", *Vínculo Shell*, VOL. XIV, N° 117, tercera entrega, pp. 12-14.

Montoya Sánchez, Fray Javier (1973), "Leyendas de 'La Cocha' o de El Encano", *Antología de creencias, mitos, teogonías, leyendas y tradiciones de algunos grupos aborígenes colombianos*, Bogotá, p. 205.

Obituario (1951), *Semblanza del ilustre fallecido, P. Marcelino de Castellví*, O. F. M. Cap. "El Apostolado Franciscano", Convento de Capuchinos, año XLII, VOL. XXXVI, N° 433, agosto-septiembre, Barcelona.

Ortiz, Sergio Elías (1945), *Idearium*, Pasto.

Reiss, Wilhelm y Stübel, Alphons (1892-1899), *Geologische Studien in der Republik Columbia*, 1: Küch, R., 1892, Die vulkanischen Gesteine; 2: Bergt, W., 1899, Die älteren Massengesteine, Kristallinen Schiefer und Sedimente, Berlín, Impr. Asher: sobre el volcán Patascoy y la descripción de Bergt de las rocas coleccionadas por Reiss y Stübel en la región de Sibundoy.

✳

Este libro se terminó de
imprimir en octubre de 2008
en los talleres de Nomos
Impresores, Bogotá, con un
tiraje de 1.000 ejemplares.

✳